라이프싸인

그리스도교 영성의 관점에서 바라본 생명의 표징들

라이프 싸인

펴낸일 • 2007년 4월 10일 초판 발행
지은이 • 헨리 나우웬
옮긴이 • 신 선 명
펴낸곳 • 아침영성지도연구원
등록일 • 1999년 1월 7일/제7호
홈페이지 • www.achimhope.or.kr

총 판 • 선 교 횃 불
        전 화 : 02)2203-2739
        팩 스 : 02)2203-2738
        홈페이지 : www.ccm2u.com

• 파본은 교환해 드립니다.
• 이 출판물은 저작권법에 의해 보호를 받는 저작물이므로 무단전재와 무단복제를 금합니다.

라이프싸인

헨리 나우웬 지음, 신선명 옮김

치유와 돌봄이 있는 희망의 선교동산
아침영성지도연구원

Lifesigns:
Intimacy, Fecundity, and Ecstasy in Christian Perspective

by Henri J. M. Nouwen
Published by Image
All Rights Reserved

Korean Translation Copyright ⓒ 2006
by *Achim Institute for Spiritual Direction*

이 책은 아침영성지도연구원이 Eric Yang Agency를 통하여
Image와 독점 계약하여 새롭게 펴낸 것으로,
저작권법에 따라 한국 안에서 보호를 받는 책이므로
무단전재와 무단복제를 금합니다.

감사의 말

 이 책은 나 혼자서 쓴 책이 아니다. 이 책을 쓰면서 나는 많은 사람들로부터 아낌없는 격려와 후원과 도움을 받았다. 그 모든 분들께 진심으로 감사를 드리고 싶다.
 가장 먼저 감사의 말을 전하고 싶은 사람은 바로 장 바니에다. 그는 이 책의 중심적인 주제를 제공해 주었고, 나에게 라르쉬 공동체를 소개해 주었으며, 글을 쓰는 동안 끊임없이 격려해 주었다. 그의 창조적인 자극과 우정과 아낌없는 후원에 깊은 감사를 드린다.
 본문의 대부분은 내가 트로슬리-브레윌이라는 자그마한 프랑스 마을의 라르쉬 공동체를 방문했을 당시에 기록한 것이다. 그곳은 내게 꼭 필요한 시간과 공간뿐만 아니라, 성령의 삶에 관해 글을 쓸 때 반드시 필요한 다정하면서도 신앙심 깊은 환경도 조성해 주었다. 바바라 스와네캄프에게 특별히 감사의 말을 전하고 싶다. 그는 나에게 영적인 글을 쓰기 위해서는 "하나님, 그리고 하나님의 가난한 백성들과 함께 시간을 보내는 것"이 반드시 필요하다는 사실을 상기시켜 주었다. 그리고 시몬 란드리엔에게도 깊은 감사를 드린다. 그는 내가 "사소한 것들" 가운데서 하나님의 신비로운 임재를 볼 수 있도록 여러 가지 방법들을 가르쳐 주었다. 내 연구에 대한 그들의 개인적인 관심과 우정은 나에게 영감을 안겨 주는 매우 중요한 원천이었다.

이 책의 원고는 여러 단계를 거쳐 완성되었다. 마가렛 스튜디에와 제리 버크 라이트의 능률적이고도 주의 깊은 비서 업무 덕택에, 이 원고가 아무런 방해도 받지 않고 여러 단계들을 모두 거칠 수 있었으며, 짤막한 단상들이 모여 한 권의 책이 될 수 있었다. 두 사람에게 진심으로 감사드린다.

이전에 썼던 거의 모든 책들과 마찬가지로, 필립 째더가 많은 도움을 주었다. 문필에 조예가 깊은 그의 수많은 제언들에 대해서 정말로 깊은 감사를 드린다. 또한 편집자인 로버트 헬러 역시 이 책의 마지막 단계에서 굉장히 중요한 도움을 제공해 주었다.

마지막으로, 나의 친구이자 동역자인 피터 웨이스켈에게 가장 깊은 감사를 드린다. 그는 이 책의 출판 준비에 필요한 일을 가장 많이 도와주었다. 트로슬리에서 내가 글을 쓰는 동안, 피터는 캠브리지의 일들을 모두 관리하였다. 그는 타이핑을 잘 정리하고, 편집 과정을 거의 모두 관할하고, 모든 상세한 부분들을 감독하였다. 그의 능력과 인내와 불굴의 노력이 없었다면 이 책은 결코 완성되지 못했을 것이다.

나는 이 책을 장 바니에의 어머니, 폴린느 바니에 여사께 바친다. 그녀의 친절한 환대, 장애우들과 그들의 도우미들을 향한 그녀의 사랑, 세상의 일들에 대한 그녀의 생생한 관심, 사랑의 하나님을 향한 그녀의 강인한 믿음, 그리고 그녀의 인격적인 우정과 후원이야말로 내가 이 책에서 설명한 생명의 표징을 가장 구체적으로 보여주는 것이었다.

들어가는 말

두려움의 집에서 사랑의 집으로

우리는 겁이 많은 사람들이다. 더 많은 사람들을 알면 알수록, 그리고 그 사람들에 대해 더 많은 것들을 알면 알수록, 나는 점점 더 두려움의 부정적인 힘에 압도되고 만다. 두려움은 종종 우리 존재의 모든 부분을 너무나도 속속들이 파고드는 것처럼 보인다. 우리는 이제 더 이상 두려움 없는 삶이란 게 어떤 건지조차도 모르게 되었다. 우리를 두려움에 떨게 하는 것은 언제 어디서든 존재하는 듯하다: 우리 안에 있는 것이든 또는 우리 주변에 있는 것이든, 우리 가까이 있는 것이든 또는 멀리에 있는 것이든, 우리 눈에 보이는 것이든 또는 보이지 않는 것이든, 우리 자신이나 타인 안에 있는 것이든 또는 하나님 안에 있는 것이든. 우리가 진정 두려움으로부터 자유로운 순간은 결코 존재하지 않는 것 같다. 우리는 생각하거나, 얘기하거나, 행동하거나, 반응할 때에도 언제나 두려움에 떨곤 한다: 언제나 우리 곁에 붙어 있어서 도저히 떨쳐버릴 수가 없는 요인이다. 두려움은 종종 우리의 내적 존재 속으로 깊이 파고들어, 우리가 인식하든 안 하든 간에, 우리의 선택과 결정의 대부분을 조종하기까지 한다.

두려움은 종종 아주 다양하고 교활한 방법을 동원하여 우리를 희생양으로 삼고 마음대로 조종한다. 두려움은 우리를 당황하게 만들 수도 있고 분노하게 만들 수도 있다. 두려움은 우리를 좌절과 절망으로 빠뜨릴 수도 있다. 두려움은 우리 주변을 어둠으로 물들이고, 우리가 거의 파멸과 죽음에 이르렀다는 느낌을 갖도록 만들 수 있다. 두려움은 도저히 참아낼 수 없는 것으로 다가와, 우리가 그것에서 풀려나기 위해서라면 그 어떤 짓도 할 수 있게끔—심지어는 자살까지도 시도하게끔—만들어 버릴 수 있다. 두려움은 종종 우리를 소유하고 자신의 집에서 기거하게 만드는 잔인한 폭군처럼 보인다. 사실 20세기를 살아가는 우리들 대부분은 거의 대부분의 시간을 두려움의 집에서 기거한다. 그곳은 명백한 거주 장소가 되어 버렸으며, 우리의 결정과 우리 삶의 계획을 좌우하는 그럴싸한 기준이 되어 버렸다.

하지만 어째서 우리는 그토록 심히 두려워하는 것일까? 어째서 두려움 없는 사람을 찾아내기가 그토록 어려운 것일까? 두려움이 어느 누구에게도 유용한 것이 될 수 없다면, 어째서 그토록 많은 두려움이 존재하는 것일까? 나는 내 자신과 다른 사람들 속에 뭔가 주의를 끄는 두려움이 존재한다는 것을 인식하고 나서부터 죽 이러한 문제들을 제기해왔다. 그리고 점차적으로, 나는 내가 두려워하는 것들이 나에 대해 엄청난 지배력을 지니고 있다는 확고한 사실을 직시하게 되었다. 나를 두렵게 할 수 있는 것들은 나로 하여금 그것이 원하는 대로 행동하게끔 조종할 수도 있었다. 사람들은 여러 가지 이유 때문에 두려워한다. 하지만 나는 권력과 두려움 간의 밀접한 관계에 주목할 필요가 있다고 확신한다. 권력은 사람들에게 두려움을 불어넣고 그 두려움을 유지시키는 주된 원인이다. 두려움에 빠진 아이들, 두려움에 빠진 학생들, 두려움에 빠진 환자들, 두려움에 빠진 고용인들, 두려움에 빠진 목회자들, 그리고 두려움에 빠진 신도들이 너무나도 많다. 그들의 배후에는 거의 언제나 위협적인 인물이 존재하며 또 그들을 통제하는 손길이 있다: 아버지, 교사, 의사, 사장, 주교, 교회 또는 하나님. 두려움은 우리를 통제하고자 하는 사람들의 손에 쥐어진 가장 효과적인 무기다. 우리가 두려움 속에 갇혀 있는 한, 언제까지고 우리는 노예처럼 행동하고, 노예처럼 말하고, 노예처럼 생각할 수밖에 없다.

우리 세계의 문제—신문과 뉴스 방송을 꽉 채우는 논제와 기사 항목들—은 두려움과 권력의 문제다. 그 안건들이 얼마나 쉽게 우리의 것이 되는가를 알고 나면 정말이지 너무나도 놀랍다.

그야말로 대단하다. 우리가 어떤 일, 어떤 사람들에 관하여 생각하고, 걱정하고, 성찰하고, 준비하고, 시간과 정력을 쏟느냐 하는 것은 대부분 우리로 하여금 그 두려운 문제들을 받아들이도록 부추기는 세계에 의해 결정된다. 우리가 제기하는 수많은 "만일"의 문제들을 한 번 들여다보자: "만일 내가 배우자를, 집을, 직업을, 친구를, 후원자를 발견하지 못했다면 지금의 나는 어떻게 되었을까? 만일 그들이 나를 버린다면, 만일 내가 병이 든다면, 만일 어떤 사고가 일어난다면, 만일 내 친구들을 잃는다면, 만일 부부관계가 잘 돌아가지 않는다면, 만일 전쟁이라도 터져버린다면 나는 과연 어떻게 될 것인가? 만일 내일 날씨가 나빠진다면? 버스가 파업을 한다면? 지진이 발생한다면? 만일 누군가가 내 돈을 훔쳐간다면? 내 집에 쳐들어온다면? 내 딸을 강간한다면? 나를 죽인다면?" 또한 우리가 제기하는 수많은 "어떻게"의 질문들에도 한 번 귀 기울여 보자: "온갖 파괴가 난무하는 이 위협적인 세상에서 어떻게 아이들을 양육할 수 있을까? 또 다른 갈등이나 또 다른 전쟁, 또는 핵 파멸을 어떻게 막을 수 있을 것인가? 어떻게 하면 러시아가 너무 가까이 다가오지 못하게 할 수 있을까? 어떻게 하면 성인으로서 나 자신의 성공을 거둘 수 있을까? 어떻게 해야 이웃들 사이에서 내 명성을 유지할 수 있을까? 어떻게 해야 천국에 들어갈 수 있을까?"

걱정스런 질문들의 거대한 네트워크가 우리를 둘러싸고, 나아가 우리의 수많은(아니, 거의 대부분의) 일상적인 결정들을 통제하기 시작한다. 우리를 옭아매는 이러한 두려운 질문들을 불러일으킬 수 있는 사람이라면 틀림없이 우리에 대해 엄청난 권력을 쥐고 있는 사람이다. 그 질문들의 배후에는, 그들의 지시를 따르지 않을 경우 최악의 두려움이 사실로 나타나게 될 것이라는 위협이 감추어져 있기 때문이다. 일단 이 질문들을 우리 자신의 것으로 받아들이고, 또 이 질문들에 대한 해답을 찾아야만 한다고 확신하고 나면, 우리는 점점 더 두려움의 집 속에 갇혀버리게 된다. 우리는 교육적, 정치적, 종교적, 사회적 삶의 엄청난 부분들을 두려움으로부터 탄생한 이 질문들에 대한 해답을 찾는 일에 쏟고 있다. 이 사실을 생각해 보면, 사랑의 메시지를 들을 수 있는 기회가 왜 이다지도 적은가를 금방 이해할 수 있을 것이다.

두려운 문제들은 결코 사랑이 가득한 해답을 이끌어낼 수가 없다; 일상적인 두려운 질문들 아래에는 또 다른 두려운 질문들이 숨겨져 있다. 일단 내가 아이를 갖기로 작정하고 그 아이에게 대학 교육을 제공해야만 한다고 결정을 내린다면, 그 다음은 내 직업, 내가 사는 곳, 내가 사귀고 있는 친구 등과 관련된 수많은 걱정거리들이 새롭게 나를 압도하게 된다. 일단 내가 러시아를 우리 국가의 안전에 가장 큰 위협이 되는 존재라고 확신하게 된다면, 군대, 경제, 외교 문제와 관련된 수많은 두려운 질문들이 새롭게 대두될 것이다. 또 만일 하나님께서 나의 나쁜 행동 때문에 나를 받아주시지 않을 것이라고 확신한다면, 아주 복잡 미묘한 도덕 구조가 내 마음을 차지하게 될 것이다. 만일 내가 영향력이 큰 친구들 없이는 절대로 행복해질 수 없다는 판단을 내린다면, 상당히 불안한 사회생활을 하게 될 것이다. 그러므로 불안은 불안을 낳게 된다. 불안은 결코 사랑을 낳을 수가 없다.

만일 이것이 사실이라면, 우리가 제기하는 질문들의 본질은 곧 그 질문들에 대한 해답만큼이나 중요하다고 할 수 있다. 어떤 질문들이 우리의 삶을 인도해주는가? 어떤 질문들이 우리 자신을 성공으로 이끌어주는가? 어떤 질문들이 우리의 총체적인 관심과 지대한 개인적 헌신을 받을 만한가? 올바른 질문을 찾는 것, 이것은 올바른 해답을 찾는 것만큼이나 중요한 일이다.

복음서를 주의 깊게 살펴보면, 예수께서는 당신께 제기된 질문들을 받아들이신 적이 거의 없다는 사실을 발견하게 된다. 오히려 예수님은 그 질문들이 두려움의 집에서 비롯된 것임을 폭로하셨다. "하늘나라에서 가장 위대한 자는 누구입니까? 만일 내 형제가 내게 잘못을 저지른다면 그를 몇 번까지 용서해줘야 합니까? 그 어떤 이유에서든지 한 남자가 아내와 이혼을 한다면 법에 저촉되는 일입니까? 당신은 무슨 권리로 이와 같은 행동을 하십니까? 그 여자는 일곱 명의 남자들 모두와 결혼한 적이 있는데, 그럼 부활

때에는 (그녀와 결혼했던) 일곱 명의 남자들 가운데 누가 그녀의 남편이 될까요? 당신이 유대인의 왕입니까? 주님, 시간이 다 되었습니까? 이스라엘을 위해 왕국을 부활시킬 것인가요?..." 예수께서는 이 질문들 중 그 어느 것에도 직접적인 대답을 하지 않으셨다. 예수님은 이 질문들이 그릇된 불안으로부터 비롯된 질문이라고, 점잖게 제쳐두셨다. 그 질문들은 명성, 영향력, 권력, 그리고 통제권에 대한 관심으로부터 비롯된 것이었다. 그것들은 하나님의 집에 속하지 않는 것이었다. 따라서 예수께서는 그러한 질문들에 대해 언제나 자기 나름대로의 대답을 함으로써, 질문 자체를 변화시키셨다. 그는 그 질문들을 새롭게 만드셨다—그런 다음에야 비로소 그 질문들은 예수께서 응답할만한 가치가 있는 질문이 되었다.

우리는 스스로를 예수님 추종자라고 생각한다. 하지만 사실 우리는 세상이 우리에게 제기하는 두려운 질문들에 빠져 버리는 경우가 허다하다. 자기도 모르는 사이에 불안스러워하고, 신경질적인 데다가, 생존의 문제—우리 자신의 생존, 우리 가족과 친구와 동료의 생존, 우리 교회와 국가와 세계의 생존—에만 매달리는 걱정 투성이 인간이 되고 만다. 일단 이렇게 공포스러운 생존의 문제들이 우리 삶의 주도적인 문제가 되고 나면, 사랑의 집에서 있었던 대화는 비현실적이거나 낭만적이거나 종교적이거나 아니면 다분히 쓸모없는 말들로 밀쳐버리게 된다. 두려움에 대한 대안으로서 사랑이 제시될 경우 우리는 다음과 같이 말한다: "예, 그래요, 참 아름답게 들리네요. 하지만······." 그 "하지만"은 우리가 얼마나 세상에 단단히 붙잡혀 있는가를 여실히 드러내준다. 순진한 그리스도인들을 꼬셔내어 "현실적인" 질문들을 제기하는 세상에 말이다: "맞아요, 하지만 당신이 늙었을 때 아무도 도와줄 사람이 없다면요? 맞아요, 하지만 당신이 직업을 잃고 자기 자신과 가족을 부양할 돈이 전혀 없게 된다면요? 맞아요, 하지만 수백만 명의 난민들이 우리나라로 입국해서 이제껏 우리가 살아왔던 방식을 무너뜨린다면요? 예, 하지만 쿠바와 러시아 사람들의 세력이 중앙아메리카에서 강력해져 바로 우리 뒷마당에다 미사일을 세우기 시작한다면요?"

우리가 이러한 "현실적인" 질문들을 제기하는 동안, 우리의 영혼은 다음과 같이 냉소적인 메아리를 들려준다: "물론 평화와 용서, 화해, 그리고 새로운 삶에 관한 언어들은 너무나도 멋지지. 하지만 현실적인 문제들을 결코 무시해서는 안 돼. 바로 그러한 현실적인 문제들이 있기에, 우리는 다른 사람들이 우리와 더불어 게임을 하지 못하도록 막아야 하고, 공격을 받을 경우에는 반드시 보복을 해야 하고, 언제든지 전쟁을 치를 준비가 갖춰져 있어야 하는 거야. 우리 스스로를 위하여 그토록 조심스럽게 구축해 왔던 행복한 삶을 그 누구도 무너뜨리지 못하도록 지켜야 해." 그러나 소위 "현실적인" 문제들이 우리의 삶을 지배하기 시작하면서부터 우리는 또다시 두려움의 집에 갇히게 된다. 비록 사랑의 언어를 지속적으로 빌려 쓰고, 사랑의 집에서 살고자 하는 모호한 욕구를 지속적으로 경험한다 할지라도 말이다.

이 책은 사랑이 두려움보다 강하다는 확신에 기초한 책이다. 비록 그 반대의 경우가 사실인 것처럼 보이는 일이 자주 일어나기는 하지만 말이다. "완전한 사랑은 온갖 두려움을 쫓아버린다"고 세례 요한은 첫 번째 서신에서 말한다. 이 책에서 나는 그 완전한 사랑의 표징을 찾고자 한다. 그리고 그 표징들을 따를 수 있는 몇 가지 방법들을 탐색해 보고자 한다. 이 책에서 나는 영적인 이동—두려움의 집으로부터 나와 사랑의 집으로 들어가는 이동—의 가능성을 보여주고 싶다.

그러나 두려움을 자아내는 이 세계의 한가운데에서 과연 사랑의 집 안에 거하는 것, 사랑의 주님이 제기하시는 질문들에 귀 기울이며 사는 것이 가능할까? 어쩌면 우리는 두려움 가운데 사는 것이 너무나도 익숙해진 나머지, "두려워하지 마라"하고 말씀하시는 음성을 들을 수 없는 것이 아닐까? "두려워하지 마라, 전혀 두려워하지 마라"하고 계속 되풀이하면서 우리를 안심시켜 주는 이 음성은 우리 대부분이 들어야만 할 음성이다. 이 음성은 주의 천사 가브리엘이 성전에서 스가랴에게 나타나 그의 아내 엘리사벳이 곧 아들을 낳을 것이라고 말했을 때, 스가랴가 들었던 바로 그 음성이다; 또한 이 음성은 무덤에 온 여자가 돌이 굴

러가 있는 모습을 보았을 때 들었던 바로 그 음성이다. "두려워 마라, 두려워 마라, 두려워 마라." 역사 전체를 훑어보면, 하나님의 사자의 음성을 통하여 이 말들이 자주 들려오는데, 그들은 천사나 또는 성인이다. 이것은 전혀 새로운 존재 방식, 바로 사랑의 집, 주님의 집 안에 거하는 존재 방식을 공표하는 음성이다.

그러면 더 이상 두려워할 이유가 없는 것은 무엇 때문일까? 예수께서는 이 질문에 대해 간단명료하게 대답하신다. 호수 위에서 걷는 모습을 보고 깜짝 놀라는 제자들에게 다가간 예수님은 "나다. 두려워하지 마라."(요한복음 6:21)고 말씀하신다. 사랑의 집은 그리스도의 집이다. 사랑의 집은 우리가 하나님의 방식대로―두려움으로 가득 찬 세상의 방식이 아니라―생각할 수 있고, 말할 수 있고, 행동할 수 있는 곳이다. 이 집으로부터 사랑의 음성이 지속적으로 울려 퍼진다: "두려워하지 마라……이리로 와서 나를 따르라…… 내가 거하는 곳을 보아라…… 나가서 복된 소식을 전파하여라…… 하나님의 나라가 가까이 왔다…… 내 아버지의 집에는 방이 수없이 많다…… 세계가 창조된 그 순간부터 너를 위해 준비된 왕국의 유산을 받아라."

사랑의 집은 단순히 내세의 장소나, 이승을 넘어선 하늘나라의 장소를 가리키는 것이 아니다. 바로 불안스러운 우리 세계의 한가운데서 예수님은 이 집을 우리에게 제공하신다.

그렇다면 우리가 사랑의 집을 알 수 있을만한 표징은 무엇일까? 우리가 점차적으로 자신의 두려움을 극복하고 사랑이 이끄는 대로 따라갈 수 있는 방법은 무엇인가? 다음 장들은 이 질문들에 대한 답을 세 개의 단어로 들려준다: 친밀감, 풍성한 열매, 황홀한 기쁨. 이 세 개의 단어를 내게 처음으로 들려준 사람은 바로 라르쉬("노아의 방주"를 의미하는 프랑스어) 공동체, 곧 정신지체 장애우들을 위한 전 세계적 네트워크의 설립자인 장 바니에였다.

나는 그때까지 한 번도 장 바니에를 만난 적이 없었다. 하지만 우리는 서로의 친구들을 통해서 내내 연락을 주고받고 있었다. 하루는 장 바니에가 내게 전화를 걸어왔다: "제가 라르쉬 공동체의 도우미들과 함께 짧은 기간 동안 성령강림절 묵상기도회를 가질 생각인데, 당신도 함께 하시겠습니까?" 그러면서 혼자 껄껄 웃더니 다음과 같은 말을 덧붙였다. "당신은 한 마디도 안 하셔도 됩니다!" 나는 시카고로 날아가 영성수련에 참석했다. 그것이 우리의 첫 만남이었는데도, 장 바니에와 나는 거의 아무런 대화도 나누지 않았다. 하지만 침묵 가운데서 그는 나에게 세 개의 단어를 제시해 주었다. 바로 이 책에서 내가 말하고자 하는 단어들을 말이다. 그 당시 그는 전혀 중요한 말이 아니라는 듯이, 그저 지나가는 말처럼 내뱉었다: "정신적으로 장애를 겪고 있는 사람들과 함께 일해 오는 동안, 저는 인간이란 그 어떤 상황에 처해 있든지 간에 친밀감, 풍성한 열매, 황홀한 기쁨을 필요로 한다는 사실을 깨닫게 되었지요." 처음에는 이와 같은 개념들이, 우리가 쉽게 기억할 수 있는 듣기 좋은 말들에 비해 별로 가치가 없는 것처럼 들렸다. 그러나 한참 후에 나는 예수께서 제자들에게 작별인사를 하시는 부분을 읽다가, 사랑의 집에서의 삶을 친밀감, 풍성한 열매, 황홀한 기쁨의 삶이라고 묘사한 분은 바로 예수님이라는 사실을 깨닫게 되었다.

예수께서는 자기 자신을 포도나무, 제자들을 가지로 비유하시면서 다음과 같이 말씀하신다: "내 안에 머물러 있어라. 그리하면 나도 너희 안에 머물러 있겠다"(요한복음 15:4). 이것은 친밀감으로의 초대다. 그런 다음 이렇게 덧붙이신다: "사람이 내 안에 머물러 있고, 내가 그 안에 머물러 있으면, 그는 많은 열매를 맺는다"(요한복음 15:5). 이것은 풍성한 열매로의 초대다. 마지막으로 예수께서는 다음과 같이 말씀하신다: "내가 너희에게 이러한 말을 한 것은, 내 기쁨이 너희 안에 있게 하고, 또 너희의 기쁨이 넘치게 하려는 것이다"(요한복음 15:11). 이렇게 예수께서는 황홀한 기쁨을 약속하신다. 요한복음을 읽고 묵상하면 할수록 나는 이 세 가지 주제의 중요성을 점점 더 확실하게 인식하게 되었다. 일단 장 바니에가 그 주제들에 대한 주의를 환기시켜 주고 나자, 나는 그것들이야말로 요한복음 전체를 통틀어서 가장 중요한 황금 요소임을 깨닫게 되었다.

장 바니에와 짤막한 첫 대화를 나눈 뒤로 엄청나게 많은 변화가 발생하였다. 우리는 진정한 우정 관계로 발전하였으며, 라르쉬 공동체는 점점 더 내 삶의 중요한 부분을 차지하게 되었다. 장 바니에가 거주하고 있는 프랑스 트로슬리-브레윌의 라르쉬 공동체를 몇 번 방문한 후로 나는 일 년 동안 그곳에서 지내달라는 초대를 받게 되었다. 1985년 8월을 기점으로 그 공동체에서 체류하는 동안 나는 이 책을 쓸 수 있는 시간적인 여유를 갖게 되었다. 따라서 라르쉬 공동체는 영성 생활에 대한 내 성찰에 주된 영감을 불어넣어 주었으며, 내 이야기의 주요 소재, 예를 들면 환상 같은 소재에도 많은 영감을 불어넣어 주었다.

나는 친밀감, 풍성한 열매, 황홀한 기쁨에 관한 본문의 내용이 독자들에게 사랑의 집에서 거하는 삶은 과연 어떠한가를 보여줄 수 있을 뿐만 아니라, 그러한 삶을 살고픈 욕구까지도 심어줄 수 있기를 원한다.

차 례

감사의 말 / 5
들어가는 말 : 두려움의 집에서 사랑의 집으로 / 9

제1부 친밀감 • 25

서 론 / 27
친밀감과 두려움 / 31
친밀감과 사랑 / 39
친밀감과 연대감 / 49
결 론 / 61

제2부 풍성한 열매 • 63

서 론 / 65
풍성한 열매와 두려움 / 69
풍성한 열매와 사랑 / 79
풍성한 열매와 선교 / 93
결 론 / 101

제3부 황홀한 기쁨 • 103

서 론 / 105
황홀한 기쁨과 두려움 / 111
황홀한 기쁨과 사랑 / 123
황홀한 기쁨과 새로운 국제질서 / 135
결 론 / 149

나가는 말 : 생명의 표징 / 151
마지막 기도 / 157

제1부

친밀감

서 론

　예수께서는 "내 안에 머물러 있어라. 그리하면 나도 너희 안에 머물러 있겠다"라는 말씀을 통하여 우리가 진실로 "집"이라 부를 수 있을만한 친밀한 장소를 제공해 주신다. 집은 우리가 전혀 두려워할 필요가 없는, 방어 자세를 버리고 자유로이 지낼 수 있는, 걱정으로부터 해방되고, 긴장으로부터 해방되고, 압력으로부터 해방되는 장소나 공간이다. 집은 우리가 웃고 울 수 있는 곳, 포옹하고 춤출 수 있는 곳, 실컷 자고 조용히 꿈꿀 수 있는 곳, 먹고 읽고 놀 수 있는 곳, 불을 지켜볼 수 있는 곳, 음악을 들을 수 있는 곳, 그리고 친구와 함께 있을 수 있는 곳이다. "집"이라는 단어는 광범위한 느낌과 정서들을 하나의 이

미지, 곧 사랑의 집이라고 하는 이미지에 집중시켜 준다.

그러나 이 세계에는 집 없는 사람들이 수백만 명에 달한다. 어떤 이들은 내면의 고통 때문에 집이 없고, 또 어떤 이들은 자기가 살던 도시나 국가로부터 추방당했기 때문에 집이 없다. 감옥에서, 정신병원에서, 난민수용소에서, 히든 어웨이 시티 아파트에서, 요양원에서, 그리고 야간 보호 시설에서 우리는 현대인들의 떠돌이 생활을 슬쩍 엿보게 된다.

그렇지만 이런 식의 떠돌이 생활은 훨씬 덜 극적인 것처럼 보인다. 여러 주, 여러 나라 출신의 수많은 대학생들을 가르치는 동안 나는 그들이 얼마나 외롭게 지내고 있는가를 깨닫게 되었다. 그들은 여러 해 동안을 자그마한 방에서, 낯선 이방인들에게 둘러싸인 채, 가족이나 친구들과 멀리 떨어져 지내게 된다. 사적인 공간은 거의 없으며, 그들의 삶 속에 공동체란 좀처럼 존재하지 않는다. 대체로 그들은 어린이나 노인들과 접촉할 기회가 전혀 없다. 환대해 줄만한 이웃이나 후원해 줄만한 공동체에 소속될 기회도 거의 없고, 언제든지 들러서 고향집 같은 분위기를 느낄 수 있을만한 가족은 더더군다나 없다. 나는 이러한 상황이 수천 명의 젊은이들이 그저 "보통 사람"으로서 살아가는 현실이라고 생각했었다. 그러나 이것을 좀 더 가까이에서 들여다보고 나서는, 어째서 수많은 사람들이 자신의 뿌리가 없는 것처럼, 아니심지어는 아예 뿌리를 상실한 것처럼 여기게 되는가를 좀 더 쉽사리 이해할 수 있게 되었다.

우리 시대의 고통을 "떠돌이"(homeless)라는 단어보다 더 명확하게 요약해 줄만한 말은 아마도 없을 것이다. 그것은 가장 심각하고 가장 고통스러운 상황들 가운데 하나로서, 소속감이 없는 상태를 가리키며, 우리가 안전하다고, 보호받고 있다고, 관심과 사랑을 받고 있다고 여길 수 있을만한 곳이 전혀 없는 상태를 말한다.

집의 특성들 가운데 가장 명확하고 가장 중요한 특성은 바로 집의 친밀감이다. 우리가 "여긴 집 같지가 않아"라고 말할 때, 그 말이 의미하는 것은 친교의 기회가 주어지지 않는 불편한 분위기다. 또 우리가 "지금 집에 있었으면……"이라고 말할 때, 그 말이 의미하는 것은 우리에게 소속감을 제공해 주는 친밀한 장소에 대한 그리움이다. 물론 수많은 사람들이 가정 내 갈등으로 인해 심각한 어려움을 겪고 있고, 여러 가지 정서적 고통의 원인을 집에서 찾는 경우도 많다. 또 "가정 파탄"이 점점 더 많은 범죄와 질병의 원인으로 비난받고 있는 것도 사실이다. 하지만, "집"이라고 하는 단어는 계속해서 따뜻한 사랑의 이미지를 지니고 있으며, 여전히 행복을 가장 많이 떠오르게 만드는 상징들 가운데 하나로 남아 있다. 그리스도인의 신앙은 우리를 부른다. 삶을 "고향집으로 돌아가는 과정"으로 경험하라고, 그리고 죽음을 "마침내 집에 돌아가는 것"으로 경험하라고 말이다. 렘브란트의 탕자 그림 속에서 우리는 그러한 믿음의 감동적인 표현을 발견하게 된다. 늙은 아버지가 지쳐버린 아들을 껴안고 있는 사랑의 포옹 장면은 지속적이고도 친밀한 가정에 대한 가장 심오한 욕구를 확신케 해준다.

사랑의 집에서 살아가는 삶의 첫 번째 측면으로서 친밀감의 의미를 좀 더 심도 있게 탐구하려면, 우선은 친밀감을 발달시킬 수 없게 가로막는 것을 밝혀내야 한다. 그런 다음엔 친밀감과 사랑의 관계를 조금 더 자세히 들여다볼 것이다. 그리고 마지막으로 친밀감의 다른 한 면인 연대감에 관하여 말하고 싶다.

친밀감과 두려움

두려움은 친밀감의 가장 큰 적이다. 두려움은 우리로 하여금 서로에게서 멀리 달아나게 만들거나, 또는 서로에게 매달리기는 하지만 진정한 친밀감은 생성되지 않도록 만들어 버린다. 예수께서 겟세마네 동산에서 체포되시던 순간, 제자들은 모두들 두려움에 굴복하여 그만 "예수를 버리고 도망갔다"(마태복음 26:56). 그리고 예수께서 십자가에 못 박히신 다음에는 "유대인들이 두려워서"(요한복음 20:19) 모두 다 밀실에 웅크리고 숨어 지냈다. 두려움은 우리로 하여금 "안전한" 거리를 두고 서로에게서 멀리 떨어져 있도록 만들며, 서로가 "안전할" 정도로만 가까이 지내도록 이끌어준다. 그러나 두려움은 진정한 친밀감이 존재할 수 있을만한 공간을 창조해 내지는 못한다. 두려움은 가정을 만들어내지 못한다. 두려움은 우리로 하여금 혼자서 살도록, 또는 보호소 속에서만 지내도록 만든다. 두려움은 우리가 친밀한 가정을 세우도록 허용해주지 않는다. 두려움은 너무 멀리 있게 하거나, 또는 너무 가까이 있게 만든다. 두 경우 모두 친밀감을 발달시키지 못하도록 방해한다.

내가 두려워하는 사람들 사이에서 경험한 것들을 예로 들자면 다음과 같다. 나는 종종 그들을 피해 다닌다: 집을 떠나서, 사람들 눈에 띠지 않고 머무를 수 있을만한 구석자리로 옮겨가거나, 또는 나 자신을 밋밋하고 모호한 문장으로 표현한다. 때때로 나는 그들과 거짓된 친밀감을 형성하기도 한다. 그들과 지나치게 긴 대화를 나누는가 하면, 지나치게 큰 목소리로 농담을 주고받기도 하고, 또 때로는 그들의 의견에 너무 재빨리 동조해 버리기도 한다. 너무 멀리 떨어져 있거나, 너무 가까이 붙어 있거나, 나는 항상 내면의 자유가 결여되어 있다는 느낌을 받고 있으며, 그들이 내게 행사하는 권력에 대하여 분개하게 된다.

두려움으로 인한 소원과 두려움으로 인한 밀착은 우리 삶을 좀 더 광범위한 맥락에서 들여다 볼 때 훨씬 더 두드러지게 나타난다. 감옥, 정신병원, 난민수용소는 "보통" 사람들이 사는 곳들로부터 멀리 떨어진 곳에 세우는 경우가 많은데, 이것은 두려움을 자아내는 이방인들을 안전한 거리에 격리해두기 위해서다. 이와 같이 안전한 거리를 유지하는 예를 좀 더 들어보자면 다음과 같다: 안전한 주제들만 논의하고, 안전한 문제들에만 연루되고, 안전한 화두에 관해서만 글을 쓰고, 안전한 사람들만 초대하는 것 등등. 다른 한편 우리는 파벌, 교파, 클럽 등등, 사람들이 서로를 찬미하기 위해 모인 곳이나 외부인들을 일단 의심부터 하고 보는 곳에서 안전한 밀착의 예를 찾아볼 수가 있다. 우리 시대에, 종말론적인 차원에서 두려움이 생겨날 경우, 자기 집단 구성원들 외에는 모두 다 쓸모없고 위험스럽고 사악하다고 주장하는 소집단이나, 또는 규칙을 따르는 사람들 쪽에 소속되어 있다는 굉장한 느낌을 안겨줄 만한 소집단에 소속되고 싶은 유혹은 실로 엄청나다.

그러나 멀리 떨어지든지 가까이 다가서든지, 어쨌든 두려움은 우리가 서로 자기 방식대로 더불어 성장할 수 있는 친밀한 공동체를 형성하지 못하도록 방해한다. 두려움이 우리를 너무 멀리 떼어놓거나 너무 가까이 붙여놓을 경우, 더 이상 우리는 서로에게 자기 죄와 자기 단절과 자기 상처를 고백할 수 없게 된다. 그렇다면 우리가 어떻게 해야 서로를 용서하고 화해할 수 있을까? 먼 거리는 우리가 상대방을 우리 삶에 아무런 의미도 지니고 있지 않은 존재로 무시하게끔 만든다. 한편 가까운

거리는 우리가 상처받은 자신의 감정을 고백하거나 표출하지 않는 데 대한 변명을 제공한다.

장 바니에는 20년이 넘는 세월 동안 정신적으로나 신체적으로 장애가 있는 사람들과 함께 살면서, 이 두려움의 원동력을 예리하게 관찰해왔다. 장 바니에가 보기에, 심각한 장애를 겪고 있는 이 사람들은 마치 다른 세계에 살고 있는 이방인들처럼 보였다. 그들은 불구인 자신의 신체에 갇힌 수감자와도 같았으며, 스스로를 돌볼 수 없는 병자와도 같았다. 그들은 사회에 아무런 기여도 하지 못하는 가난하고 힘없는 거지와도 같았다. 장 바니에는 스스로를 보통 사람이라고 인정하는 사람들—"정상인들", 자유롭고, 건강하고, 부유하고, 성공한 사람들—의 가슴 속에 그들이 두려움을 불러일으킬 수 있는 방법을 알아냈다. 장 바니에는 우리가 무슨 일이 있어도 회피하려고 드는 또 하나의 현실을, 그들이 어떤 식으로 우리에게 상기시켜 주는가를 알아냈다.

장 바니에는 장애를 가진 이 사람들이 "타인"으로 남아 있는 한 언제까지고 그들은 냉정한 제도나 질식할 것만 같은 과보호의 희생양이 될 수밖에 없다는 사실을 직시하였다. 그는 이 사람들이 어떻게 해서 이방인으로 거부당하게 되는지, 또는 개인의 소유물로 전락하게 되는지를 관찰하였다. 그는 그들을 위한 진정한 집이란 결코 존재하지 않는다는 사실을 깨달았다. 다르다는 이유 하나만으로 그들은 자기 속도, 자기 리듬, 그리고 (종종 숨겨져 있는) 자기 재능에 맞춰 성장할 수 있는 자유로운 장소를 빼앗기고 만다.

1964년 장 바니에는 라파엘과 필립이라는 두 명의 장애우에게 집 한 채를 제공하기로 결심하였다. 하지만 그 결심을 실행하기까지는 너무나도 오랜 시간이 걸렸다. 영국과 캐나다의 해군에서 10년을 보낸 후에 그는 파리의 가톨릭 연구소에서 철학을 연구하여 토론토의 성 미가엘 대학 교수가 되었다. 하지만 그는 여전히 자신의 진정한 소명이 무엇인가를 확실히 알 수가 없었다. 어느 여름날 그는 프랑스 파리에서 북쪽으로 한 시간 거리에 있는 트로슬리-브레윌이라는 작은 마을로 갔다. 그는 자신의 영성지도자인—장애우들을 위한 집의 목사로 부임하여 그곳에 머물고 있던—페레 토마스 필립의 영향을 받아, 교수직을 버리고 라파엘과 필립을 초청하여 자그마한 숙소를 짓고 같이 지내기로 결심하였다. 그들은 여러 해 동안 정신병원에 입원해 있었기 때문에 가족이나 친구가 전혀 없었다. 그것은 결코 되돌릴 수 없는 결심이었다. 그는 자신이 이 두 사람을 절대로 그들이 원래 있었던 곳으로 돌려보낼 수 없으리라는 사실을 잘 알고 있었다.

그는 이 첫 번째 숙소를 "라르쉬"라고 불렀다. 그러니까 그는 자신의 집이 노아의 방주와도 같은, 두려운 자들을 위한 피난처가 될 수 있기를 원했던 것이다. 장 바니에는 어떤 운동을 시작한다거나 대규모 조직체를 구성한다는 생각을 전혀 해보지 못했다. 그저 지속적인 도움이 없이는 스스로를 지탱해 나갈 수 없는 그 두 사람을 돌보고자 했을 뿐이었다. 하지만 머지않아 여러 나라로부터 그를 도와줄 사람들이 속속들이 도착하였고, 새로운 숙소를 짓기 시작했다. 지금은 세계 곳곳에 그런 집들이 넘쳐나고 있다―캐나다, 오스트레일리아, 미국, 아이티, 도미니카 공화국, 온두라스, 멕시코, 영국, 아일랜드, 벨기에, 프랑스, 덴마크, 스페인, 스위스, 독일, 이탈리아, 코트디부아르, 부르키나파소, 그리고 인도. 이 집들은 우리와는 다른, 장애를 지닌 사람들에게 친밀한 장소를 제공해주기 위하여 세워진 곳들이다.

장 바니에는 친밀한 장소에 관하여 이야기할 때 종종 두 팔을 뻗어서 두 손으로 찻잔을 받치고 있는 듯한 모양을 만든다. 마치 상처 입은 작은 새를 받치고 있는 것처럼 말이다. 그는 다음과 같이 묻는다: "만일 제가 이 손을 활짝 편다면 무슨 일이 벌어질까요?" 그러면 우리는 이렇게 대답한다: "새가 날개를 퍼덕이려고 애쓰겠지만 결국은 땅에 떨어져 죽을 것입니다." 그는 다시 이렇게 묻는다: "그렇다면 제가 이 손을 꼭 쥔다면 어떻게 될까요?" 우리는 다음과 같이 대답한다: "그 새는 눌려서 죽을 것입니다." 그러면 그는 미소를 지으면서 이렇게 말한다: "친밀한 장소는 찻잔을 받치고 있는 듯한 제 손과도 같습니다. 완전히 벌리지도 않고 완전히 쥐지도 않은 손 말입니다. 바로 성장이 일어날 수 있는 장소입니다."

그런 장소를 제공하기란 무척 어려운 일이다. 왜냐하면 우리는 너무나도 두려운 나머지 좀처럼 낯선 이들을 우리가 머무는 장소로 들여놓고 우리 자신의 두려움을 드러낼 수가 없기 때문이다. 하지만 우리 역시 단절되어 있다는 사실, 우리 역시 장애가 있다는 사실, 우리 역시 성장할만한 장소가 필요하다는 사실을 기꺼이 자기 자신과 타인에게 고백한다면, 다함께 지낼 집도 얼마든지 세울 수 있고, 또 각자에게 친밀한 장소를 제공해 줄 수도 있을 것이다

친밀감과 사랑

만일 두려움이 친밀감의 최대 적이라면, 사랑은 친밀감의 진실한 친구다. 하지만 사랑과 친밀감이라는 단어는 지나치게 철학화한 우리의 환경 속에서 무심코 사용되는 경우가 너무 많기 때문에, 그 단어들의 영적인 의미를 되찾기 위해서는 각별한 주의가 필요하다. 우리는 자칫 친밀한 사랑을 두려움과 같은 레벨에 놓고서 그것이 마치 "너무 먼"과 "너무 가까운"의 중간 지점에 있는 것처럼 생각하려는 유혹에 빠지기가 쉽다. 그 결과 친밀한 사랑은 냉정한 소원과 질식할 것 같은 밀착의 두려운 한계점을 회피하고, 행복한 중간 지대를 제공해 주어야 한다고 생각하게 된다.

상호 관계에 관한 현대의 수많은 성찰들은 이러한 사고방식에 위배된다. 그것들은 다음과 같이 말하는 듯하다: "우리는 서로가 필요합니다. 하지만 자신의 독립을 상실하지는 말아야 합니다; 우리는 밀착이 필요합니다. 하지만 자신의 개성을 포기하지는 말아야 합니다; 우리는 상호 지원이 필요합니다. 하지만 자신을 위한 공간도 충분히 있어야만 합니다." 비록 이 말이 사실이라 할지라도, 이것이 주장하는 것은 좋은 상호관계란 파트너들 사이의 교섭에 따른 결과물이라는 것이다. 그리고 이러한 주장은 서로의 의무뿐만 아니라 서로의 권리까지도 분명히 명시하고 있다. 그러므로 친밀한 사랑의 장소는 지속적으로 두려움의 위협을 받게 된다. 그것이 어느 쪽에서 비롯된 것이라 할지라도 말이다.

하지만 두려움이 존재하는 곳에서는 결코 친밀감을 찾아볼 수가 없다. 친밀감은 행복한 중간지대가 아니다. 친밀감은 소원과 밀착 간의 긴장이 해결되고 새로운 지평선이 열리는 존재 방식이다. 친밀감은 두려움을 넘어서는 것이다. 예수께서 우리를 초대하신 것으로 인해 친밀감을 경험한 사람들은, 이제 더 이상 너무 가까이 다가가거나 너무 멀리 떨어지게 될까봐 전전긍긍할 필요가 없다는 사실을 잘 알고 있다. 예수께서는 이렇게 말씀하신다: "두려워하지 마라; 나다." 그분은 우리가 아무런 두려움 없이 자유롭게 움직일 수 있는 새로운 공간을 보여 주신다. 이 친밀한 장소는 소원과 밀착 간의 연결선을 찾으려고 하지 않는다. 이 친밀한 장소는 우리가 가까이 있느냐 또는 멀리 있느냐가 더 이상 아무런 문제도 되지 않는 아주 광범위한 움직임의 영역이다.

세례 요한은 완전한 사랑에 의해 두려움이 물러가게 된다고 말한다. 이 때 그가 가리키는 사랑은 하나님으로부터 비롯되는 사랑, 신적인 사랑이다. 그는 인간의 애정이나 심리학적인 친화성, 상호 매력, 또는 심오한 상호 감정에 관하여 이야기하는 것이 아니다. 물론 그것들은 모두 나름대로의 가치와 아름다움을 지니고 있다. 하지만 세례 요한이 말하는 완전한 사랑은 온갖 감정, 정서, 열정을 다 포용하고 나아가 그것들을 초월한다. 두려움을 깨끗이 몰아내 주는 완전한 사랑은 우리도 참여하도록 초대받은 신적인 사랑이다. 그러므로 가정, 친밀한 장소, 진정한 소속감을 느낄 수 있는 장소는 인간의 손으로 지은 곳이 아니다. 그곳은 우리를 위하여 하나님께서 만들어내신 장소다. 하나님께서는 우리 가운데 장막을 치려고 오셨으며, 당신의 처소로 우리를 초대하여 주셨고, 당신의 집에 우리를 위한 방을 마련해 주셨다.

"집"이라는 단어는 신구약성서에서 자주 사용되고 있다. 시편은 하나님의 집에 거하라는, 하나님의 날개 아래 피난처를 찾으라는, 그리고 하나님의 거룩한 성전에서 보호를 구하라는 경고로 가득 차 있다; 시편은 하나님의 거룩한 성소와 하나님의 아름다운 장막, 하나님의 굳건한 피난처를 찬미한다. 어쩌면 "하나님의 집에 거하라"는 말이 영감에 의한 이 기도들의 궁극적인 목표라고 해도 과언이 아닐 것이다. 이렇게 볼 때, 세례 요한이 예수님을 가리켜 우리 가운데 장막을 치고 계시는 하나님의 말씀이라고 묘사한 것은 무척이나 의미심장하다고 할 수 있겠다(요한복음 1:14). 세례 요한은 예수께서 자신과 형제 안드레를 초대하여 당신의 집에 머무르게 하신다고 말한다(요한복음 1:38~39). 뿐만 아니라 그는 예수께서 당신의 존재 자체가 새로운 성전(요한복음 2:19), 새로운 피난처(마태복음 11:28)임을 점차적으로 드러내시는 방법에 대해서도 말해준다. 이것은 예수께서 당신이 새로운 집임을 드러내시는 작별 인사 속에 가장 완벽하게 표출되어 있다: "내 안에 머물러 있어라. 그리하면 나도 너희 안에 머물러 있겠다"(요한복음 15:4).

하나님의 완전하심이 살아 숨 쉬는 예수님은 이제 우리의 집이 되셨다. 그분은 우리 안에 당신의 집을 마련함으로써 우리가 당신 안에 우리의 집을 마련할 수 있도록 허락해 주셨다. 우리의 가장 깊숙한 자아와 친밀감을 형성함으로써, 그분은 우리에게 당신 자신과 하나님의 친밀감 속으로 들어갈 수 있는 기회를 제공해 주셨다. '당신의' 우선적인 거주 장소로 우리를 선택함으로써, 그분은 우리가 당신을 '우리의' 우선적인 거주 장소로 선택할 수 있도록 초대해 주셨다. 이것이 바로 성육신의 신비다. 이것은 성만찬 예식을 통해서 아름답게 표현된다. 집례자가 포도주에 물을 조금 떨어뜨리면서 다음과 같이 말한다: "이 물과 포도주가 섞임으로써, 우리는 스스로를 낮추시고 우리의 인성을 공유하신 분의 신성을 나눠받게 됩니다." 우리를 향한 하나님의 측량할 수 없는 사랑이 이 성스러운 교환을 통해 표출된다. 하나님께서는 집에 대한 우리의 가장 간절한 소망을 성취시켜 주기를 원하셨다. 그리하여 하나님께서는 우리 안에 집을 짓기로 결정하셨다. 따라서 우리는 완전한 사람으로 머물러 있으면서 동시에 하나님 속에 우리의 집을 가질 수 있게 되었다. 이 새로운 집에서는 소원과 밀착 간의 구별이 더 이상 존재하지 않는다. 가장 멀리 떨어져 있던 하나님이, 죽게 마련인 우리 인간의 특성을 취함으로써, 가장 가깝게 다가오셨다. 그러므로 하나님은 소원과 밀착 간의 온갖 구별들을 극복하신다. 하나님은 우리가 하나님을 가장 닮았을 때 가장 우리다울 수 있도록, 친밀감을 제공해 주신다.

내적인 두려움 또는 외적인 두려움 때문에 고통당하고 있는 사람들, 그리고 자신의 가슴이 원하는 친밀감을 발견할 수 있는 곳에서 사랑의 집을 찾기 위해 필사적인 노력을 기울이고 있는 사람들에게, 예수님은 다음과 같이 말씀하신다: "너희에게는 집이 있다…… 내가 너희의 집이다…… 나를 너희의 집이라고 주장하여라…… 내가 내 집을 찾은 장소가 가장 친밀한 곳이라는 사실을 알게 될 것이다…… 너희의 가장 내적인 존재 속…… 너희의 가슴 속…… 바로 너희가 있는 그곳이다." 우리는 그런 말을 경청하면 할수록, 우리가 추구하고 있는 것을 찾기 위하여 그리 먼 데까지 갈 필요가 없다는 사실을 깨닫게 된다. 비극은 바로 우리가 너무나도 두려움에 사로잡힌 나머지, 우리의 가장 내적인 자아가 친밀한 장소라는 사실을 믿지 못하고, 오히려 우리가 외부에서 친밀한 곳을 찾고 싶은 맘에 불안스럽게 떠돌아다니고 있다는 것이다. 우리는 지식이나 능력, 평판, 성공, 친구, 감각, 쾌락, 꿈, 또는 인위적으로 유도된 의식 상태에서 그 친밀한 장소를 찾고자 애쓴다. 그리하여 우리는 자기 자신에게 이방인이 되고 만다. 적은 두고 있지만 결코 집은 아닌, 따라서 진정한 사랑의 음성을 들을 수도 없는 낯선 사람이 되는 것이다.

이제 우리는 영적인 삶의 훈련이 의미하는 바가 무엇인지를 잘 알게 되었다. 그것은 우리가 속해 있는 집으로 돌아오는, 그리하여 우리의 관심을 요하는 음성에 귀 기울이는 점차적 과정을 의미한다. 그것은 "첫사랑"의 음성이다. 세례요한은 다음과

같이 기록한다: "우리는 사랑해야 합니다…… 하나님께서 먼저 우리를 사랑하셨기 때문입니다"(요한일서 4:19). 우리가 안전하게 살아갈 수 있도록 친밀한 장소를 제공해주는 것이 바로 이 첫사랑이다. 첫사랑은 이렇게 말한다: "다른 사람들이 여러분을 사랑하거나 또는 여러분이 다른 사람들을 사랑할 수 있게 되기 훨씬 전부터, 이미 여러분은 사랑을 받아왔습니다. 또한 여러분은 안전함을 제공하거나 제공받을 수 있게 되기 훨씬 전부터 이미 안전하였습니다." 집은 그 첫사랑이 머무르고 있는 곳, 우리에게 온화한 말을 던져주는 곳이다. 집으로 가서 귀 기울이게 되기까지는 훈련이 필요하다. 특히나 우리의 두려움이 너무나도 소란스러워 계속해서 우리를 외부로 몰아낼 경우에는 더더욱 그러하다. 하지만 우리가 이미 집을 가지고 있다는 사실을 이해하게 될 때, 마침내 우리는 자신의 두려움이 만들어낸 환상을 벗어버리고 다시, 또다시 되돌아가기를 반복할만한 힘을 얻게 된다.

그러므로 전향은 집으로 돌아오는 것을 의미하며, 기도는 주께서 집을 지으신 곳에서—우리 마음의 친밀감 속에서—우리의 집을 찾는 것이다. 기도는 하나님 안에 우리의 집을 마련할 수 있는 가장 구체적인 방법이다.

이것은 동방 정교회의 헤시카스트 전통 속에서 아름답게 묘사되고 또 신실하게 실행되어오고 있다. "hesychia"라고 하는 그리스어는 휴식을 의미한다. 그리고 헤시카스트 기도는 우리를 하나님 안의 휴식으로 이끌어준다. 그것은 하나님 앞에 서기 위하여 마음속까지 내려가는 것으로 묘사된다. 그러므로 그것을 가리켜 마음의 기도라고도 일컬을 수 있다. 가장 일반적으로 사용되는 헤시카스트 기도는 예수 기도에 나오는 기도다: "주 예수 그리스도시여, 죄인인 저에게 자비를 베풀어 주소서." 하지만 때로는 좀 더 짧은 문장이 사용되거나, 또는 "예수"라는 이름만 사용되기도 한다. 바실 페닝턴이 소개한 센터링 침묵기도, 그리고 존 메인이 설명한 마라나타(주 예수여, 오소서) 기도는 이러한 기도 형태의 변형이다. 여기에서 내가 헤시카스트 기도를 언급하는 이유는, 이 기도야말로 예수께서 예수님의 마음과 우리의 마음속에 지으신 우리 집을 찾아낼 수 있도록 도와줄 만한 유일한 훈련 방법이기 때문이다. 매일 훈련을 통해서 마음의 기도를 실행해온 사람들은, 그들의 진정한 집으로 나아가기 위한 단조로운, 그러면서도 아름다운 길을 경험하게 된다. 그것은 우리가 두려움의 집으로부터 뛰쳐나와 사랑의 집, 하나님의 집으로 좀 더 가까이 다가갈 수 있도록 우리를 이끌어 준다.

그러므로 기도는 가슴, 곧 끊임없이 사랑의 대화를 나눌 수 있는 친밀한 집을 향한 내적 여정으로 우리를 안내해 준다. 기도는 우리를 "모든 게 다 잘될 것이다. 모든 게 다 잘 될 것이다. 모든 방법이 다 잘될 것이다"(노리치의 줄리안)라는 지식으로 이끌어 준다.

장 바니에, 그리고 그와 같이 살고 있는 장애우들의 경우, 모든 게 다 잘되고 있는 이 신적인 친밀감은 더불어 사는 삶의 토대가 된다. 그들은 자신이 찾고 있는 친밀한 집을 상대방이 제공해줄 것이라는 믿음 하에 그저 단순히 서로에게 의지만 한다면, 상처 입은 자들로서 함께 살아가는 것이 불가능하다는 사실을 알게 되었다. 눈에 보이는 것이든 안 보이는 것이든, 우리의 상처는 너무나도 깊다. 따라서 우리가 서로에게 두려움으로부터 완전히 자유로운 장소를 제공해주기란 불가능하다. 우리는 종종 서로에게 거의 초인적인 것들을 요구하곤 한다. 그리고 이러한 요구가 충족되지 않을 경우 우리는 상처를 입게 되고 거부당한 듯한 느낌을 받게 된다. 심각한 장애를 입은 사람들의 공동체에서는 이러한 예를 더 쉽게 찾아볼 수가 있다. 장애를 입은 사람들은 끊임없는 관심을 요구하며, 감사를 표현한다든가 호의에 보답한다든가 하는 일은 거의 할 수가 없다. 지속적인 유대감은 단순히 좋은, 더 좋은, 또는 최고로 좋은 상호 관계에 기초하는 것이 아니라, 상처 입은 인간의 마음이 원하는 여러 가지 소망과 욕구의 바깥쪽에 기초해야만 한다. 진정한 친밀감의 유대는, 인간의 일체감 이전에 그것을 초월하여 존재했었던 유대감을 토대로 하여, 바로 신적인 계약에 의해 생겨난다. 이것은 노아, 아브라함과 사라, 모세와 예언자들에게 주어졌던 약속에 잘 표현된, 그리고 예수님의 성육신을 통해 완전히 드러난, 하나님의 신실하신 계약이다.

오직 하나님만이 온갖 상처로부터 완전히 자유로우신 분이므로, 우리에게 두려움 없는 장소를 제공해주실 수 있다. 하나님 안에서, 하나님을 통하여, 우리는 친구 관계, 부부 관계, 그리고 공동체 속에서 서로에게 신실해질 수 있다. 이렇게 친밀한 하나님과의 유대는 기도를 통하여 끊임없이 성장하고, 우리에게 진정한 집을 제공하여준다. 우리는 이 집에서 함께 살아갈 수 있다. 우리의 연약함을 지속적으로 서로에게 고백하고, 언제나 서로를 용서해주되, 자신의 의지보다 훨씬 많은 것들을 요구하는 일은 결코 없다. 장 바니에는 이렇게 신적인 계약이 모든 형태의 인간적 신실함의 기초가 된다고 본다. 우리 안에 머무르기 위하여 오시는 그분에게서 우리의 "지구력"이 비롯될 때에 비로소 우리는 다함께 머무를 수가 있다. 우리 자신이 그 신적인 계약에 깊숙이 닻을 내렸다는 사실을 깨달을 때에야 비로소 우리는 다함께 집을 세울 수가 있다. 그 때가 되어서야 비로소 우리의 유한하고 좌절된 사랑이 무한하고 완전한 하나님의 사랑을 나타낼 수가 있는 것이다.

친밀감과 연대감

일상생활에서 우리가 "친밀감"이라는 단어를 사용할 때에는 사적임, 자그마함, 아늑함, 그리고 어느 정도 배타적임과 연관 짓는 경우가 흔하다. 누군가가 대화나 파티가 친밀하다고 이야기할 때에는, 적은 인원이 모여 자그마한 공간에서 은밀한 주제를 가지고 이루어졌다고 생각하는 경향이 많다. "친밀한"이라는 단어는 보통 대중에게 공개하는 것과 정반대되는 의미를 지닌다.

하지만 여기에서 우리의 영적인 경험은 뭔가 완전히 새로운 것을 보여준다. 자신의 가슴속으로 깊숙이 들어가서 친밀한 집을 발견하고 그곳에서 자신의 주님과 조우한 사람들은, 연대감이 친밀감의 다른 한 면이라는 신비로운 사실을 깨닫게 된다. 그들은 하나님의 집의 친밀감이 어느 누구도 배제하지 않고 모든 이들을 다 포함한다고 하는 사실을 자각하게 된다. 그들은 자신의 가장 깊숙한 자아에서 발견한 그 집이 전 인간(the whole of humanity) 만큼이나 광범위하다는 사실을 알게 된다.

소원과 밀착이 더 이상 하나님의 집을 구별할만한 타당한 잣대가 아닌 것처럼, 친밀감과 연대감 역시 이제 더 이상 하나님의 집을 구별하는 타당한 잣대가 될 수 없다. 중요한 것은 친밀감과 유대감 간의 내적인 연결이다. 만일 우리가 이러한 연결을 인식하지 못한다면, 우리의 영성은 지나치게 독점화되거나 또는 편협한 행동주의자가 되고 말 것이고, 더 이상 하나님의 집 안에서 살아가는 완전한 아름다움을 반영할 수가 없을 것이다.

친밀감과 유대감의 상호관계를 파악하기 위한 가장 최선의 방법은 세례 요한의 말을 회상해 보고 좀 더 깊숙이 생각해 보는 것이다: "그 말씀은 육신이 되어 우리 가운데 사셨다"(1:14). 이 말은 하나님 안에서 만물이 창조되었지만 하나님 역시 바로 그 창조의 일부분이 되셨다고 하는 신비한 사건을 드러낸다. 우리의 죄로 인해 거부당하신 하나님은, 우리가 신적인 삶을 공유할 수 있도록 우리를 위해 죄인이 되셨다. 그러므로 예수 그리스도 안에서 온 인류는 한 데 모여 하나님의 집으로 인도되었다. 예수 그리스도 안에서 하나님이 성육신하심으로써, 온 인류는 하나님의 친밀감 속으로 들어 올려졌다. 과거, 현재, 미래를 통틀어서, 동서남북 그 어디에도, 말씀의 성육신을 통하여 그 속에서 하나님께 받아들여지지 않은 이는 단 한 사람도 없다.

예수의 생애와 죽음, 그리고 부활은 우리에게 이러한 신적인 포용의 완전한 친밀감을 분명하게 보여준다. 예수께서는 우리의 삶을 사셨고, 우리의 죽음을 죽으셨으며, 우리 모두를 당신의 영광으로 들어올리셨다. 십자가 위에서 고통당하신 예수님의 수난으로 인해 고통당하지 않은 사람이 한 명도 없고, 새로운 삶으로 부활하신 예수님의 부활로 인해 기뻐하지 않은 사람이 한 명도 없다. 예수께서 죽지 않으신 인간의 죽음은 전혀 없다. 예수께서 살지 않으신 인간의 삶은 전혀 없다. 모든 인간을 창조해 내신 그분 안에서, 모두가 하나님의 영광을 회복하게 되었다.

성육신의 신비는 우리에게 인간적인 유대감의 영적 차원을 드러내준다. 모든 인간은 말씀의 성육신을 통하여 하나님께로 들어 올려졌기에, 하나님의 마음을 찾는다는 것은 곧 하나님의 온 백성을 찾는다는 의미가 된다. 그러므로 온 인류가 그 속에 모여 있지 않은 그리스도는 결국 진실한 그리스도가 아닌 것이다. 그리스도에 속해 있는 우리는 온 인류에 속해 있는 셈이다. 예수께서 당신의 제자들을 위하여 다음과 같이 기도하셨던 이유가 바로 그 때문이다: "진리로 그들을 거룩하게 하여 주십시오. 아버지의 말씀은 진리입니다. 아버지께서 나를 세상에 보내신 것과 같이, 나도 그들을 세상으로 보냈습니다. 그리고 내가 그들을 위하여 나를 거룩하게 하는 것은, 그들도 진리로 거룩하게 하려는 것입니다"(요한복음 17:17~19). 예수께서 당신의 것으로 받아들였던 바로 그 인간에 속한 우리의 형제자매들에게 보내지지 않고서는 결코 예수님과의 친밀한 친교 속에서 살아갈 수 없다. 그러므로 친밀감은 곧 유대감으로 입증되고, 유대감은 곧 친밀감으로 입증된다.

그리스도인들은 하나님께서 온 인류를 한 가족으로 모으셨다는 진리를 증거하도록 부름 받았다. 하지만 그 어디를 봐도 두려움이 서로를 황폐화시키고 있는 모습만 난무하다. 인종, 종교, 민족, 대륙 간의 두려움. 부자와 가난한 자, 북부와 남부, 동부와 서부 간의 두려움. 이러한 두려움이 분배의 형질을 결정짓는 곳들은 모두 증오와 폭력, 파괴와 전쟁으로 치닫는다. 우리가 세계정세에 관하여 신문에서 읽고, 라디오에서 듣고, 텔레비전에서 보는 것들은 모두 다음과 같은 말을 재확인시켜 주는 것 같다: "인간은 인간에게 늑대다." 그렇다. 인간은 서로에게 늑대와도 같은 존재다. 그리고 우리 인간의 지성은 점점 더 교묘한 파괴 도구들을 발명해내기 때문에, 인류는 날마다 자신의 멸망을 향하여 조금씩 다가가고 있는 중이다. 사람들이 서로 관계 맺고 있는 방법의 가장 분명한 특성은 유대감이 아니라 바로 붕괴다.

우리는 합일의 진리를 새로운 눈으로 보고 새로운 귀로 들어야 한다. 이 합일은 우리의 부서지고, 죄 많고, 불안한 마음으로는 결코 자각할 수가 없는 것이다. 오직 완전한 사랑으로 가득 찬 마음만이 인류의 합일을 인식할 수가 있다. 이것은 신적인 지각을 필요로 한다. 하나님께서는 당신의 백성을 하나로 보신다. 한 가족에 속하고, 한 집에서 생활하는 사람들로 보시는 것이다. 하나님께서는 이러한 신적인 지각을 우리와 함께 공유하기를 원하신다. 우리 모두를 위해 살고 또 우리 모두를 위해 죽으라고 오직 하나뿐인 아들을 보내심으로써, 하나님께서는 우리의 눈을 열어 주고자 하신다. 그리하여 우리가 하나님의 완전한 사랑의 포옹에 다함께 속해 있다는 사실을 깨달을 수 있게 되기를 원하시는 것이다.

하나님의 집이 주는 친밀감 안에서 살아가는 동안, 우리는 완전한 사랑으로 우리를 사랑하시는 하나님께서 그 사랑 안에 온 인류를 다 포함시키고 계시며, 그럼에도 불구하고 각각의 개개인을 향한 하나님의 사랑은 결코 그 고유한 특성을 상실하지 않는다는 신비로운 진리를 점점 더 깨닫게 된다.

이것은 아마도 우리가 가장 이해하기 힘든 일들 가운데 하나일 것이다. 경쟁적인 세계에서 우리는 "조금 더"나 "조금 덜"이라는 차원의 사고방식에 너무나도 익숙한 나머지, 하나님께서 온 인류를 똑같이 무한한 사랑으로 사랑해 주심과 동시에 각각의 개개인을 완전히 고유한 방식으로 사랑해 주시는 방법에 대하여 쉽사리 이해할 수가 없다. 어찌된 일인지, 우리는 자신이 선택 받으면 다른 사람은 거절당한다고 여기게 되며, 자신이 고유하면 다른 사람은 일반적이라고 여기게 된다. 어쨌든 우리는 다른 사람이 자기보다 덜 사랑받을 경우에만 자신이 하나님께 사랑받는 존재임을 온전히 즐길 수 있다고 생각한다.

하지만 영적인 삶은 경쟁과 능력의 맥락에서 만들어진 이러한 구별을 초월한다. 영적인 삶은 언제나 우리에게 다음과 같은 경험을 안겨준다. 곧, 온 백성을 사랑스럽게 안아주시는 바로 그 하나님께서 우리의 머리카락 한 올까지도 모두 세어 두셨다는 사실(마태복음 10:30을 보아라), 그리고 예외 없이 모든 사람을 돌봐주시는 바로 그 하나님께서 이례적인 사랑으로 각각의 개개인을 사랑하고 계신다는 사실을 경험하게끔 해주는 것이다.

우리의 기도가 깊어지면 깊어질수록 우리는 이 같은 하나님 사랑의 신비에 점점 더 가까이 다가가게 된다. 그리고 우리가 이 신비에 가까워지면 가까워질수록 우리는 일상생활 속에서 그 신비를 좀 더 잘 실현할 수가 있다. 그 신비는 우리로 하여금 스스로가 위축되는 듯한 느낌 없이 다른 사람들의 재능을 인정할 수 있도록 해방시켜 주며, 자기 자신이 덜 고유하다는 느낌 없이 다른 사람들의 고유성을 인정할 수 있도록 해방시켜 준다. 그 신비는 우리로 하여금 인간이 되는 다양한 방식들을 하나님의 보편적인 사랑의 징표로서 축하할 수 있게 해준다.

하나님의 가족에 포함되는 순간, 우리는 인성의 분열과 그에 따른 고통이, 모든 인간은 인정받고 사랑 받을 수 있는 자신의 권리를 위해 싸워야 한다는 거짓된 가정으로부터 자라난 것이라는 사실을 깨닫게 된다. 하나님의 사랑으로 가득한 집에서 우리는 새로운 눈으로 보고 새로운 귀로 들을 수 있게 된다. 그리하여 우리는 온 인류가, 인종이나 종교, 성별, 부, 지식, 또는 배경에 전혀 상관없이, 하나의 집에 속해 있다고 하는 사실을 깨닫게 된다. 하나님의 집은 벽으로 나뉘어 있거나 문이 닫혀 있는 경우가 절대 없다. 예수께서는 다음과 같이 말씀하신다. "내가 문이다." "나를 통해 들어오는 자는 누구든지 안전할 것이다"(요한복음 10:9). 사랑의 집 안으로 좀 더 깊숙이 들어가면 갈수록, 우리는 그곳에서 온 인류와 함께 한다는 사실, 그리고 우리 모두가 그리스도 안에서, 그리스도를 통해서, 형제자매이며 한 가족의 구성원이라는 사실을 좀 더 확실히 깨닫게 된다.

하나님의 집에서 우리는 진리, 곧 하나님께서 하나님의 백성과 약혼하심에 집중하게 된다. 약혼(betrothal)이라는 단어—진리(truth)라는 단어를 포함한다—는 진리의 개인적 특성을 아름답게 묘사한다. 우리는 진실로 하나님과 함께하게 된다. 이것은 유대감의 영적 토대가 된다.

여기에서 우리는 모든 그리스도교적 행위의 근거를 다시 한 번 발견하게 된다. 기도가 우리를 하나님과 하나님 백성의 집으로 인도해주는 것처럼, 행위는 우리를 다시금 세상으로 인도하여 그곳에서 화해와 합일, 평화의 임무를 수행하게 만든다. 일단 우리는 진리를 깨닫게 되었으므로 그 진리를 진실로 실천하기를 원하며 그 진리의 특성을 세상에 드러내고 싶어 한다. 모든 그리스도교적 행위는—병든 자들을 위문하는 것이든, 배고픈 자들을 먹이는 것이든, 헐벗은 이들을 입혀주는 것이든, 또는 좀 더 정의롭고 평화로운 사회를 위해 노력하는 것이든—하나님의 집에서 우리에게 드러난 인간적 유대감을 표명하는 것이다. 그것은 좀 더 나은 세상을 만들기 위한 걱정 많은 인간의 노력이 아니다. 그것은 그리스도 안에서 사망과 악과 파괴가 모두 극복되었다고 하는 진리를 확신을 갖고 표명하는 것이다. 그것은 파괴된 질서를 회복하기 위한 두려움 많은 인간의 시도가 아니다. 그것은 그리스도 안에서 모든 질서가 이미 회복되었다고 하는 기쁨에 넘치는 주장이다. 그것은 분리된 사람들을 하나로 묶기 위한 신경질적인 노력이 아니다. 그것은 이미 확립된 합일을 축하하는 것이다. 그러므로 행위는 결코 행동주의가 아니다. 행동주의자는 치유하고, 회복하고, 되찾고, 재창조하길 원한다. 하지만 하나님의 집 안에서 행동하는 사람들은 치유하고, 회복하고, 되찾고, 재창조하시는 하나님의 현존에 행위의 초점을 맞춘다.

장 바니에는 이것을 매우 잘 이해하고 있다. 여러분은 장애우들을 위한 자그마한 집들이 즐비한 모습을 보고서, 아마도 장 바니에와 그의 동역자들이 시간과 힘을 좀 더 효율적으로 사용하지 못하고 있다는 생각이 들 것이다. 세상의 요구들이 소리쳐 우리의 관심을 끌고 있지만, 그럼에도 불구하고 능력 많고 지성적인 수백 명의 사람들이 좌절한 사람들을 먹여주고, 그들이 걸을 수 있도록 도와주고, 그저 그들과 함께 하고, 또 그들에게 사랑의 언어와 온화한 접촉과 격려의 미소로 작은 위로를 안겨주는 데 자신의 시간을 쓰고 있다. 아니, 그들의 시간을 모두 쏟는 경우도 허다하다. 효율과 통제를 지향하는 우리 사회에서 성공을 거두려고 애쓰는 사람에게는, 이 사람들이 그저 시간을 낭비하고 있는 것처럼 보일 것이다. 그들이 하는 일은 너무나도 비효율적이고, 성공적이지 못하며, 심지어는 소용없는 짓에 불과하다고 느껴질 것이다. 그렇지만 장 바니에는 가난한 자들을 위한 이 쓸데없는 일 가운데 모든 사람을 위한 하나님의 완전한 사랑의 진리가 드러난다고 확신한다.

    이렇게 숭고한 사상이 놀라울 정도로 실질적인 방법을 통해 현실화된다. 라르쉬 공동체에서 나는 내 친구 브래드의 생일 파티에 초대되었다. 그는 프랑스의 숙소들 가운데 한 곳인 라 프로메제에서 근무하고 있다. 그곳에서 사는 14명의 장애우들은 모두 그 지역 출신이지만, 낮이고 밤이고 그들과 함께 지내면서 일하는 도우미들은 여섯 개 나라 출신이다. 그들 중 몇 명은 프랑스어를 제대로 못한다. 그들 중 대부분은 대학을 졸업했고, 그들 모두가 젊은이들이다.

    내 친구 브래드는 미국인이기 때문에, 그와 한 집에 사는 동료들은 그에게 진짜 미국 음식을 만들어 주기로 결심했다. 우리는 케첩을 바른 햄버거와 감자튀김, 펩시콜라, 그리고 밀크쉐이크를 준비했다. 그리고 종이 접시, 종이 냅킨, 플라스틱 컵, 플라스틱 빨대로 먹고 마셨다. 비록 내가 18년 동안이나 미국에서 살면서 그런 식사를 해본 적은 한 번도 없었지만, 그것은 이방인들이 미국인들을 어떤 식으로 생각하느냐를 잘 알 수 있는 좋은 기회였다.

    거기에는 30명의 사람들이 다함께 모였고, 각자 뭔가를 가지고 왔다: 선물, 노래, 말, 그림, 꽃, 농담. 그 생일 파티는 아주 열광적이었다. 자칭 웨이터들이 행렬을 지어 첫 번째 요리를 운반

해왔다. 손에다 종이 접시들을 균형 있게 받쳐서 내왔으며, 햄버거 위에는—케이크가 없었기 때문에—촛불이 꽂혀 있었다. 플라스틱 병들은 가짜 마이크 역할을 했고, 기타는 엘비스 프레슬리를 연주했다. 그리고 멜로디가 있든 없든 녹음기가 돌아갔다. 그 저녁은 촛불을 환히 밝힌 채 영적인 노래를 부르고, 복음을 낭독하고, 자발적으로 간청의 기도를 드리고, 또 트라피스트 수도회의 살베 레지나 만큼이나 신성하게 들리는 아우어 레이디 오브 라르쉬를 찬양하였다.

이렇게 장애를 입은 "열매들"과 정상적인 "열매들"이 모두 한 자리에 모여 앉아 축제에 참여하고, 노래하고, 웃고, 박수치고, 기도하는 동안, 갑작스레 나는 깨닫게 되었다. 가난한 사람들이 전 세계의 부자들을 자기 주변으로 불러 모아 하나님의 진실한 사랑을 드러내도록 만들었다는 사실을 말이다. 따라서 장애우들과 정상인들, 가난한 자들과 부자들, 비효율적인 사람들과 효율적인 사람들 간의 구별은 사라졌다. 하나님의 집에 거하고 있는 모든 이들의 기본적인 합일이 이렇듯 눈에 띄게 입증되었다. 아무런 "관계도 없던" 삶이 신적인 관계, 하나님과의 관계를 획득하게 되었다. 어린 아이, 순회 설교사, 십자가에 못 박힌 추방자의 연약함 가운데서 우리에게 당신을 드러내신 하나님과의 관계를 획득한 것이다.

사랑의 집의 친밀감은 언제나 우리를 연약한 자들과의 유대감으로 이끌어준다. 조건 없는 사랑으로 우리를 사랑해 주시는 그분의 마음에 가까이 다가가면 갈수록, 우리는 구원 받은 인간의 유대감 속에서 서로에게 좀 더 가까이 다가서게 된다.

결 론

 이 장은 사랑의 집에서 거하는 삶의 첫 번째 징표, 곧 친밀감에 관한 장이다. 이제 우리는 이 장의 결론에 도달하였다. 우리는 친밀감을 신적인 선물로 여기게 되었다. 그것은 우리로 하여금 두려운 소원뿐만 아니라 두려운 밀착까지도 초월할 수 있도록 해주고, 모든 인간적 수용과 거절을 넘어선, 그 이전의 사랑을 경험할 수 있도록 해준다. 이러한 신적인 친밀감은 소유욕이 강하거나 배타적인 것이 아니라, 우리가 모든 사람들을 형제자매로 볼 수 있도록 우리 눈을 뜨게 해주며, 온 인류, 특히 고통당하는 사람들과의 유대감 속에서 일할 수 있도록 우리 손을 자유로이 풀어주는 것이다. 우리는 자칫 기도는 하나님과 함께 하는 것이고, 반대로 행위는 사람들과 함께 하는 것이라고 오해하기가 쉽다. 부디 친밀감에 관한 이러한 성찰들을 통해서 기도와 행동이 '둘 다' 하나님과의 친밀한 관계, 그리고 하나님을 통한 온 인류와의 친밀한 관계를 표명하는 것임을 입증하여 주었기를 바란다.

친밀감에 관한 이러한 시각은, 사랑의 집에서 거하는 삶의 두 번째 징표, 곧 풍성한 열매의 의미를 탐구할 만한 상황을 제공해준다.

제2부

풍성한 열매

서 론

"사람이 내 안에 머물러 있고, 내가 그 안에 머물러 있으면, 그는 많은 열매를 맺는다"(요한복음 15:5). 이 말을 통해서 예수님은 결실이 많음 또는 풍성한 열매에 관하여 말씀하신다. 예수님 자신과 예수님을 통하여 나온 온 인류가 우리의 진정한 집이 될 때에 비로소 우리는 진실로 결실이 많은 비옥한 사람이 될 수 있다. 여기에서 "풍성한 열매"(fecundity)라고 하는 단어는 일상적인 대화에서는 거의 사용되지 않았던 것이다. 하지만 이 단어는 재고해 볼 필요가 있다. 왜냐하면 이것은 우리로 하여금 생명을 탄생시키는 가장 심오한 인간적 잠재력과 접촉하도록 해주기 때문이다. 풍성한 열매라고 하는 단어가 구태의연한 것처럼 여겨지는 것은, 이 단어가 가리키는 실재가 오늘날의 기술

사회에서 우리 의식의 뒷전으로 물러나고 있다는 사실을 의미한다.

하지만 그것은 우리의 떠돌이 의식뿐만 아니라, 우리에게 그토록 많은 고통을 가져다주는 삶을 부여할 수 있는 능력에 대한 의심이기도 하다. 오늘날의 세계에서 야기되고 있는 수많은 고통들은 이렇게 무가치라는 심각한 의식에 직접적인 원인이 있다. 셀 수 없이 많은 사람들이 자신의 존재를 어리석고, 지루하고, 발전이 없고, 틀에 박혀 있는 것으로 경험한다. 그들에게는 내적인 생명력과 살고자 하는 강한 욕구가 부족하다. 그들에게는 하루하루가 그저 새로운 날에 불과하며, 해야 할 일은 너무나도 많지만 고상한 인간적 만족은 거의 제공되지 않는 경우가 허다하다. 이것은 바로 열매가 없는 삶의 경험이다. 하지만 다행히도 어떤 사람들은 자신의 가치를 깊숙이 의식하고 있다— 그것은 바로 그들이 생명을 부여해주는 자기 존재의 특성과 접촉하고 있기 때문이다. 그들의 기쁨은 기쁨을 낳고, 그들의 평화는 평화를 낳는다. 그들은 우리로 하여금 모든 삶의 거룩한 전염성을 깨닫도록 만들어준다.

이 장에서 나는 풍성한 열매가 우리 삶에서 수행하는 역할을 조금 상세하게 탐구해보고자 한다. 우선은 두려움과 풍성한 열매 간의 부정적인 관계에 관하여 논의할 것이다. 그런 다음에는 풍성한 열매가 어떻게 사랑의 집에서 명확하게 표명되는지를 설명하고 싶다. 그리고 마지막으로는 감수성과 연결 지어 풍성한 열매의 선교적인 의미를 입증해 보고자 한다.

풍성한 열매와 두려움

두려움은 친밀감을 방해하는 데서 그치지 않는다; 두려움은 풍성한 열매까지도 훼방을 놓는다. 두려움이 우리의 삶을 지배할 경우, 우리는 결코 열매가 자랄 수 있는 성소를 고요히, 참을성 있게 보호할 수가 없다. 두려움이 분명하게 드러나는 두 가지 방법은 불모와 생산성이다.

불모는 두려움에 대한 가장 명백한 반응들 가운데 한 가지다. 우리는 위협에 둘러싸여 있다는 느낌을 가질 경우, 자기 자신을 닫아버리고 더 이상 다른 사람들에게 다가서지 않는다. 따라서 열매 맺는 관계가 자라날 수 없다. 우리는 두려움을 느끼면 느낄수록 더더욱 움츠러든다. 위험이 증가하고 있다는 느낌이 들 경우, 우리는 점점 더 움츠러들다가 결국에는 "다른 사람들"과의 접촉이 전혀 없는 자신을 발견하게 되고 만다. 이리하여 우리는 자신이 창조해낸 보호 형태로 후퇴하여, 열매를 맺지 못하게 된다.

많은 사람들이 스스로를 열매 맺지 못하는 사람이라고 경험한다. 심지어는 자녀가 있고, 직업이 있고, 돈이 있고, 삶에서 의미심장한 성공을 거둔 사람들까지도 그런 경험을 하게 된다. 불모의 경험은 진정으로 살아 있지 못하기에 생명을 부여할 수도 없는 경험이다. 우리는 종종 다음과 같은 주장을 듣게 된다: "난 이 세상을 책임지고 있는 사람이 아닙니다. 중요한 결정은 모두 다른 사람들이 내리지요…… 내가 요구하는 것들은 전부 무시되고 말아요…… 난 내 일에만 신경 쓰고, 내 관심거리만 돌볼 겁니다. 물론 사람들이 고통당하고 있다는 사실은 나도 알고 있어요. 하지만 내가 할 수 있는 일은 아무 것도 없습니다……" 이것은 죽음의 음성이다. 이것은 성장하고픈 욕구를 점차적으로 소멸시켜 버리는 무가치와 자기 불신의 감정을 표출한다.

제1세계의 경우, 고도의 기술과 복합적인 관료 제도로 말미암아, 점점 더 많은 사람들이, 스스로가 미래를 만들어가는 데 적극적인 참여자라고 하는 의식을 상실해 버렸다. 그들은 종종 스스로를 어떤 복잡한 기계, 그들이 이해할 수 없는 내적인 업무의 쓸모없는 부가물로서 경험하게 된다. 이것은 물론 실업 청년들과 은퇴한 노인들에게도 해당되는 말이지만, 현대 사회의 공장과 사무실에서 바쁘게 일하고 있는 사람들에게도 얼마든지 해당되는 말이다. 바쁘게 일하는 동안 지루해지는 것, 이것이 바로 그러한 영적 질병의 불길한 증상이다.

제3세계 역시 무가치 의식은 상당히 널리 퍼져 있다. 물론 그 이유는 제1세계와 완전히 다르다. 그곳은 가난한 자들과 부유한 자들 간의 구별이 너무나 심해서, 가난한 사람들은 자신이 불필요한 존재라고 생각하며, 심지어는 나라의 운명을 결정짓는 사람들에게 자신이 무거운 짐이 된다고 여기기까지 한다. 비참한 고통 가운데 살고 있는 수많은 사람들이 숙명론자가 되어버렸다. 그들은 자신이 무슨 짓을 해도 상황은 결코 변하지 않을 것이라고 생각한다. 힘 있는 자들의 권력은 그들에게 너무나도 압도적이어서, 좀 더 나은 교육과 주택, 보건 의료를 위해 투쟁할 가치가 거의 없는 것처럼 보인다. 그들이 보기에, 실질적인 변화는 무지개 끝에서 황금을 발견하는 것만큼이나 불가능한 일로 여겨진다.

제1세계든 제3세계든, 알려지지 않은 권력들에 대한 두려움은 내적인 불모의 경험을 야기한다. 이러한 경험을 하고 난 사람들은 다음과 같이 말하게 된다: "난 아무 것도 줄 게 없어." 우리의 생애를 통해서 반드시 지켜지게 될 약속을 받아냈다는 확신이 없을 경우, 희망은 사라져버리고 만다. 그리하여 점차적으로 생명을 부여할 수 있는 우리의 능력을 상실하게 되고 만다. 어떤 이들의 경우에는 이러한 이유로 자녀를 낳는 일조차 꺼리게 된다: "아이들을 위한 미래가 전혀 없는데 왜 아이를 낳겠어요?" 또 어떤 이들의 경우에는 자녀가 유일하게 안전을 가져다주는 자원이 되기도 한다: "내가 늙으면 내 자식들 말고 또 누가 나를 돌봐 주겠어요?" 하지만 무엇보다도 희망의 상실은 미래를 향한 내적인 움직임이 멈추어 버리는 것을 의미한다. 여기에서 불모는 가장 심각한 최초의 영적 상처가 된다. 하나님의 영은 창조적인 영이다. 하나님의 영은 언제나 새로운 생명 속에서 드러나신다. 그 영이 두려움 때문에 고갈될 경우, 우리는 자신이 갖고 있는 것에 매달릴 수밖에 없으며, 따라서 앞으로 나아가고 성장하는 것은 멈추고 만다.

장 바니에는 일전에, 예수께서 어떻게 우물가 여인의 불모를 금방 알아내셨는지에 관하여 설명해 주었다(요한복음 4:1~42). 예수께서는 정오에 그녀를 만나셨다. 정오에는 너무 더워서 아무도 물을 길러 우물로 오지 않았다. 그녀가 그 시간에 우물로 왔던 이유는, 물도 긷고 동시에 최근의 소식들도 듣기 위하여 이른 아침 우물가로 모여드는 마을 여인들과 감히 어울릴 수가 없었기 때문이다. 그녀는 버림받은 자, 자기 마을 사람들이 환영해 주지 않는 자였다. 예수께서 그녀에게 다음과 같이 말씀하셨다: "내가 주는 물은, 그 사람 속에서, 영생에 이르게 하는 샘물이 될 것이다"(요한복음 4:14). 예수께서는 그녀의 영적 불모에 맞서서, 그녀를 치유해 주셨다. 그 이야기 끝부분에서, 우리는 거절 당하고 두려움에 가득한 이 여인이 어떻게 자기 마을로 돌아가 전혀 두려움 없이 증언하는가를 살펴볼 수 있다: "내가 한 일을 모두 알아맞히신 분이 계십니다. 와서 보십시오. 그분이 그리스도가 아닐까요?"(요한복음 4:29~3). 그녀는 자신의 두려움으로부터 해방되었다. 그녀는 자신의 불모를 치유 받았다. 그리고 그녀는 생명을 주시는 그리스도의 열매 맺는 증인이 되었다.

두려움은 우리를 불모뿐만 아니라 생산성을 향한 도피로 이끌기도 한다. 여기에서 중요한 것은 우리가 열매와 산물을 구별해야 한다는 점이다. 열매 맺는 삶을 살라고 하는 부르심은 반드시 생산적인 존재가 되라는 부르심을 의미하지 않는다. 산물은 우리가 만들어내는 것이다. 어떤 구체적인 행동들로 인하여 우리는 결과적으로 자기 자신의 소유라고 주장할 수 있는 산물을 갖게 된다. 이러한 행동들을 반복할 경우 우리는 똑같은 산물을 갖게 되고, 만일 이 행동들을 계속해서 반복한다면 곧 자신이 시간을 낭비하지 않는 매우 생산적인 사람이라고 생각하게 될 것이다.

우리 세계에서는 모든 것이 산물이 될 수 있다: 자동차, 집, 책, 공예품뿐만 아니라 영향력이 큰 친구들, 성공적인 상호작용, 중요한 결정들까지도 모두 산물에 속한다. 그것들은 모두 우리가 "만들어 낸" 것의 일부가 될 수 있으며, 다른 사람들에게 인정받을 수 있다는 느낌을 우리에게 제공해 준다. 사람들은 종종 자신의 생산성을 강조하는 차원에서 소개되는 경우가 많다: "이 사람은 프랭크에요. 아주 영향력 있는 저서를 몇 권 쓰신 분이죠. 어쩌면 당신도 그 책들을 읽었을 것입니다; 이 사람은 메리라고 하는데, 바로 퓰리처상을 수상했던 사람이죠; 그리고 이 사람은 피터에요. 사진에 관해서라면 모르는 게 없는 사람이에요……" 이런 소개의 경우, 우리는 곧 우리 스스로 만드는 것이라고 하는 암시가 들어 있다. 현대사회에서 우리는 생산적인 존재가 되는 것이 곧 열매 많은 사람이 되는 것처럼 살아가는 경우가 많다. 생산성은 우리에게 일종의 평판을 안겨주며, 자신이 쓸모없는 존재라고 하는 두려움을 몰아내 준다. 하지만 만일 우리가 예수님의 제자들처럼 살고자 한다면, 이런 산물과 성공과 결과들은 종종 사랑의 집보다는 두려움의 집에 속하는 경우가 더 많다는 사실을 깨달아야만 한다.

두려움이 우리의 삶을 지배할 때 우리는 개인으로서 지니는 자신의 가치를 걱정하게 되고, 쉽사리 산물들에 몰두하게 된다. 심지어는, 불모의 존재가 될지도 모른다고 하는 가장 깊숙한 두려움 때문에 우리가 종종 광적으로 생산성에 매달리게 되지 않나 생각되기도 한다.

생산성의 강조는 끊임없이 증가하고 있다. 사업이나 산업 세계뿐만 아니라 스포츠나 학문의 세계까지도 이제는 생산성이 주요 관심사가 되어 버렸다.

내 자신의 경험은 대학교에 한정되어 있다. 수많은 학생들의 삶 속에서 가장 슬픈 측면들 가운데 하나는 그들이 언제나 압박감을 느낀다는 점이다. 우리 문화의 대작들을 읽고 창조의 복잡한 아름다움을 탐구하느라 호사스럽게 시간을 보내는 학생들도 자기 나름대로는 언제나 마감 시간과 싸우고 있다고 생각하는 것은 정말이지 아이러니가 아닐 수 없다. 학생들은 자신이 읽거나 써야 할 페이지 분량에 대해 불평을 늘어놓는다. 그리고 자신이 시간 안에 그 많은 할당 임무를 마칠 수 있을 것인지 불안해한다. "학교"(school)라는 단어는 "스콜라"(schola, 자유로운 시간을 의미)에서 유래되었는데, 이렇게 볼 때 학교는 원래 바쁜 존재를 중단시키고 삶의 신비를 관상할만한 어느 정도의 공간을 확보해 준다는 의미를 지니고 있었다고 생각된다. 하지만 오늘날의 학교는 가능한 한 많은 것들을 성취하기 위해, 그리고 인간 삶의 대전투에서 살아남으려면 반드시 필요한 도구들을 짧은 시간 동안 획득하기 위해, 그야말로 광적인 경주를 펼치는 경기장이 되고 말았다. 책은 본디 서서히 음미하라고 기록된 것인데, 그저 필요한 것들을 충족시키기 위해 허둥지둥 읽혀지고 있다. 그림은 본디 정관적인 눈으로 보라고 그려진 것인데, 그저 필수적인 예술 평가 과정의 일부로 받아들여지고 있다. 음악은 본디 여가를 즐기라고 만들어진 것인데, 그저 시대나 양식을 밝혀내기 위해 귀 기울이고 있다. 이리하여 본디 고요한 학문의 장소가 되었어야 할 대학과 대학교들이 그만 맹렬한 경생의 장소가 되어 버렸다. 가장 좋은 것들을 가장 많이 생산하는 학생들에게 상이 주어지는 그런 장소가 된 것이다.

이러한 생산성의 강조는 우리의 상호 관계에까지 깊은 영향을 미쳐왔다. 남편과 아내의 관계, 부모와 자녀의 관계, 형제자매의 관계, 교사와 학생의 관계는 종종 곳곳에 침투해 있는 성공이라는 관심사에 의해 오염되고 만다. 심지어는 우리의 가장 친밀하고 취약한 순간들까지도 절대 "포기하지" 않는 두려움 때문에 역시 침해를 당하고 만다.

모든 산업은 인간의 성욕과 더불어 성장해 왔다. 인간의 성적인 욕구를 이용한 영화, 비디오, 책, 잡지 등이 대량으로 생산, 판매되고 있다. 그것들은 성적인 능력이야말로 행복에 이르는 가장 빠른 길이라는 신화를 조장한다. 비극적인 사실은, 그렇게 외로운 사람들이 많은 이 세상에서, 성 산업이 우리로 하여금 진정한 친밀감은 곧 "멋진" 섹스와 동일하다고 믿게끔 만든다는 것이다. 그리고 비록 대부분의 사람들이 인간의 성욕을 포르노로 표현해 놓은 것들을 멀리 한다 할지라도, 의식적으로든 무의식적으로든, 우리 자신이 향락주의적 문화에 만연해 있는 성적 능력의 거짓된 강조 때문에 고통을 받고 있다는 것만은 부인할 수 없다.

그렇다고 해서 생산성이 나쁘다거나 멸시해야 한다고 주장하고 싶은 건 아니다. 오히려 생산성과 성공은 우리 삶의 질을 상당히 높여줄 수가 있다. 하지만 우리가 인간으로서 지니는 가치가 그저 우리의 손과 정신이 만들어내는 산물에만 의존하게 된다면, 우리는 자칫 우리 세계의 두려운 책략에 희생되고 말 것이다. 우리가 자기-불신을 극복할 수 있는 주된 방법이 생산성이 될 경우, 우리는 거절과 비평에 너무나도 취약한 존재가 될 것이며, 내적인 불안과 좌절에도 너무나 쉽게 빠져버릴 것이다. 생산성은 결코 우리가 갈망하는 깊은 소속감을 제공해 주지 못한다. 더 많은 것을 생산해내면 낼수록, 우리는 성공과 결과가 우리에게 "편안한" 경험을 제공할 수 없다는 사실을 좀 더 확실히 깨닫게 된다. 사실 우리의 생산성은 우리가 두려움에 쫓기고 있다는 사실을 자주 인식시켜 준다. 이런 의미에서 불모와 생산성은 똑같은 것이라고 할 수 있겠다: 둘 다 우리가 풍성한 삶을 살 수 있는 자신의 능력을 의심하고 있다는 징표가 될 수 있기 때문이다.

장 바니에, 그리고 그의 장애우들과 함께 생활하면서 나는 나 자신이 얼마나 성공-지향적인 사람인가를 뼈저리게 깨닫고 있다. 사업과 산업, 스포츠, 학문세계에서 전혀 경쟁력이 없는 사람들, 오로지 입고, 걷고, 말하고, 먹고, 마시고, 노는 것이 주된 "성과"인 사람들과 함께 생활하는 것은, 정말이지 내게 너무나도 좌절스러운 경험이다. 어쩌면 나는 이론상으로는 행위보다 존재가 더 중요하다는 통찰을 가지고 있었을지도 모른다. 하지만 할 줄 아는 게 거의 없는 사람들과 그저 함께 있어달라는 요구를 받았을 때, 나는 그동안 나 자신이 그러한 통찰의 자각과 얼마나 거리가 먼 사람이었는가를 깨닫게 되었다. 따라서 장애우들은 나의 스승이 되었고, 생산성이란 풍성한 열매가 아닌 다른 뭔가를 의미한다는 사실을 다양한 방식으로 알려 주었다. 우리들 중 일부는 생산적인 사람일 수 있고, 또 나머지 일부는 비생산적인 사람들일 수 있다. 하지만 우리 모두는 열매를 맺으라고 부름 받은 존재들이다; 풍성한 열매야말로 사랑의 진정한 특징이다.

풍성한 열매와 사랑

친밀감이 소원과 밀착의 중간에 위치하지 않는 것과 같이, 풍성한 열매 또한 불모와 생산성의 행복한 중간 지점이 아니다. 불모와 생산성은 둘 다 우리의 삶을 통제하고 방향을 결정하기 위한 방법이다. 두려움 때문에 새로운 삶의 출발을 거부하고, 두려움 때문에 새로운 삶을 시도하는 것은 둘 다 하나님을 기만하는 행위다. 이렇게 해서 우리는 자신을 내맡기고 전혀 모르는 곳, 예측하지 못할 곳으로 오라고 초대하시는 사랑의 하나님으로부터 불안스러운 거리를 유지하고 있는 것이다.

풍성한 열매는 불모와 생산성을 둘 다 초월한다. 왜냐하면 풍성한 열매는 사랑의 질서에 속하는 것이지, 두려움의 질서에 속하는 것이 아니기 때문이다. 풍성한 열매의 위대한 신비는, 우리가 삶을 통제하려는 시도를 죄다 포기하고, 삶이 그 자체의 내면적인 움직임을 드러낼 수 있도록 모든 위험을 감수할 때에 비로소 우리 눈에 보이게 된다는 것이다. 우리가 사랑의 하나님을 신뢰하고 자기 자신을 하나님께 맡길 때 비로소 열매는 성장을 하게 될 것이다. 열매는 오로지 친밀한 사랑의 땅에서만 맺을 수가 있다. 열매는 만들어지는 것도 아니고, 인간의 반복 가능한 특정 행동이 가져오는 결과도 아니다. 열매는 예측할 수도 없고, 정의할 수도 없다. 열매는 오직 선물로만 받을 수 있는 것이다. 산물과 열매를 구별 짓는 것은 바로 이러한 선물의 특성이다.

그러면 이제 열매가 풍성한 삶의 세 가지 측면에 관하여 설명하도록 하겠다: 취약함, 감사, 그리고 관심. 열매가 풍성한 삶은 무엇보다도 취약함 속에서 사는 삶이다. 우리가 서로를 두려워하는 한 언제까지고 싸움에 대비하면서 방어적인 삶을 살 수밖에 없다. 그러한 삶에서는 결코 열매가 맺힐 수 없다. 그런 삶은 장벽과 무기로 이어지며, 트라이던트 잠수함이나 크루즈 미사일처럼 가장 정교한 발명품들로 이어진다. 하지만 그런 것들은 절대로 열매를 맺지 않는다. 우리가 담대하게 자신의 방어적인 보호물을 내려놓고 서로를 믿게 될 때, 그리하여 자신의 연약함과 부족함을 고백할 때, 그 때야 비로소 우리 모두가 더불어 열매가 풍성한 삶을 살 수 있다.

하나님의 길은 연약함의 길이다. 복음의 위대한 소식은 바로 하나님께서 작고 취약한 존재가 되셨다는 것, 그래서 우리들 가운데 열매를 맺으셨다는 것이다. 이 세상 그 누구보다도 더 많은 결실을 맺었던 삶이 바로 예수님의 삶이다. 예수님은 자신의 신적인 권력에 의지하지 않고 우리와 같은 존재가 되셨다(빌립보서 2:6~7). 예수님은 궁극적인 취약함 가운데 우리에게 새로운 삶을 가져다 주셨다. 예수님은 다른 사람들의 관심과 보호에 의존하는 작은 아이로 우리에게 오셨다. 예수님은 가난한 설교자로서 우리를 위해 사셨으며, 정치적이거나 경제적, 군사적인 힘이 전혀 없으셨다. 예수는 우리를 위해서 쓸모없는 죄인처럼 십자가 위에 못 박히셨다. 바로 이렇게 극단적인 취약함 속에서 우리의 구원이 이루어졌다. 이렇게 빈곤하고 실패작 같은 존재로부터 맺힌 열매가, 예수님을 믿는 모든 사람들에게 영원한 생명이 되셨다.

우리로서는 하나님의 취약함이 지니는 신비를 파악하기가 너무나도 어렵다. 하지만 우리에게 볼 수 있는 눈과 들을 수 있는 귀가 있다면, 여러 곳에서 다양한 방법으로 그것을 접할 수 있다. 아무런 방어막 없이 하나가 되고 연약함 속에서 서로를 포용하게 된 두 사람의 사랑이 맺은 열매, 곧 아기가 태어나는 순간, 우리는 그 신비를 맛볼 수 있다. 가난한 사람들의 감사가 담긴 미소 속에서, 그리고 장애우들의 따뜻한 정 속에서, 우리는 그 신비를 접할 수 있다. 용서를 구하고 화해를 이루는 사람들 속에서 우리는 언제든지 그 신비를 만나게 된다.

　괴로움은 보통 고백을 하고 용서를 구하는 것에 대한 두려움에서 비롯된다. 나는 가장 수치스럽게 여기거나 또는 가장 죄스럽게 여기던 일을 고백할만한 용기를 마침내 얻은 사람들, 그리하여 친구를 잃는 대신에 오히려 친구를 얻게 되었음을 깨달은 사람들의 삶속에서 가장 극적인 변화가 일어나는 것을 목격해왔다. 그들 사이에는 다리가 놓였고, 장벽은 허물어졌으며, 심연은 가득 메워졌다. 나는 자신이 하나님을 얼마나 증오하는지에 대해서 계속 강조했었던 한 여학생과의 길고도 고통스러운 대화들을 아직도 생생하게 기억한다. 그녀에게 하나님은, 그녀의 삶을 수치감과 죄책감으로 짓눌러 비참하게 만들어버린 소름끼치는 압제자였다. 내가 하나님의 열정과 사랑에 관하여 아무리 설명을 해줘도, 그녀는 좀처럼 자신의 생각을 바꿀 수가 없었다. 그러던 어느 날, 모처럼 이야기를 나눌만한 시간이 넉넉했으므로 우리는 모든 압박감에서 벗어나 둘 다 자유로움을 만끽하고 있었다. 우리 둘 사이에 어느 정도 신뢰의 관계가 싹트기 시작하자, 그녀는 자신의 길고도 괴로운 인생 이야기를 고통스러울 정도로 자세히 이야기해 주었다. 그녀가 이야기를 하고 있는 동안 나는 그녀 속에서 뭔가가 새롭게 시작되고 있다는 사실을 느낄 수가 있었다: 그녀는 자신이 진정으로 사랑받고 있으므로 전혀 두려워할 필요가 없다는 심오한 인식을 갖게 된 것이었다. 나중에 그녀는 다음과 같은 글을 내게 써 보냈다: "우리가 나눴던 그 긴 대화가 저에겐 새로운 삶의 출발점이었습니다. 저를 용서해 주시고 언제나 사랑해 주시는 하나님의 눈길 아래 사는 삶이 시작되었지요." 그것이 그녀에게 새로운 삶이 될 수 있었던 것은 바로 두 사람의 상호 취약성 가운데 하나님의 진실한 얼굴이 드러나게 되었기 때문이다. 이 젊은 학생은 그 날 하나님을 발견하게 되었을 뿐만 아니라 새로운 친구까지 얻었던 것이다.

우리는 자신의 두려움을 극복하고 상호 취약성 가운데서 서로에게 접근하는 사람들을 바라볼 때마다, 하나님의 집에 속하는 사랑을 흘깃 목격하게 되고 또 그 사랑의 열매를 맛보게 된다.

열매가 풍성한 삶의 두 번째 측면은 바로 감사다. 성공에 대한 우리의 집착은 감사의 영을 소멸시켜 버린다. 우리의 마음과 정신이 자기 가치를 다른 사람들에게 입증하고 경쟁 상대들과 겨루는 데에만 급급해 있을 경우, 감사하기란 무척 어렵다. 독립과 자기 신뢰를 이상으로 내세우는 사회의 경우, 감사는 자칫 강함보다는 약함의 표시로 여겨지기가 쉽다. 감사는 우리가 다른 사람들에게 의존하고 있다는 사실을 인정하고 그들의 도움과 지원을 기꺼이 받아들이는 것을 전제로 한다.

하지만 산물에서 열매로 관심을 돌리는 즉시 우리는 감사할 줄 아는 사람이 된다. 예수님은 언제나 감사를 드렸다. 예수께서는 나사로의 열린 무덤 앞에 섰을 때에도 자신의 기도를 들어주신 아버지께 감사를 드렸으며(요한복음 11:41), 최후의 만찬을 위해 제자들을 모두 불러 모았을 때에도 빵과 포도주를 주신 데 대해 감사 기도를 드렸다. 감사는 예수와 그의 제자들의 삶에서 가장 핵심적인 부분에 속한다.

감사에 관한 이야기들 가운데 가장 감동적인 것은 바로 복음서 저자 요한이 기록한 빵의 증가에 관한 이야기다(6:5~15). 예수께서는 굶주린 사람들을 보면서 저 사람들이 먹을 만한 빵을 어디서 사야 하나 걱정하셨다. 그러자 안드레가 이렇게 말하였다: "여기에 보리빵 다섯 개와 물고기 두 마리를 가지고 있는 한 아이가 있습니다. 그러나 이렇게 많은 사람에게 그것이 무슨 소용이 있겠습니까?" 안드레의 말은 두려움이 많은 우리들의 태도를 제대로 요약해 준다. 필요한 것은 엄청나게 많은데, 지니고 있는 것은 너무나도 적다. 하지만 우리가 뭘 어쩔 수 있겠는가? 이러한 태도가 암시하는 것은 뻔하다: 우리가 지니고 있는 적은 양에 매달려서 최소한 살아남기라도 하자는 것이다. 하지만 "예수께서는 빵을 들어서 감사를 드리신 다음에, 앉은 사람들에게 나누어주시고, 물고기도 그와 같이 해서, 그들이 원하는 대로 주셨다." 빵과 물고기를 저장해 두어야 할 부족한 산물로 보던 시각에서, 감사하게 나눠야 할 하나님의 소중한 선물로 보는 시각으로의 변화가 일어났다. 이렇게 급진적인 비전의 전환은 죽음으로부터 생명으로의 이동, 두려움으로부터 사랑으로의 이동이다. 이 이야기는 다음과 같이 은혜로운 말로 마무리된다: "그래서 보리빵 다섯 덩이에서, 먹고 남은 부스러기를 모으니, 열두 광주리에 가득 찼다." 이제 하나님의 집이 부족함이 아니라 풍부함의 집이라는 사실에는 의심의 여지가 없어졌다.

모든 것이 다 사랑에서 비롯된 신의 선물이며 아무런 대가도 없이 우리에게 주어진 것이므로 감사하면서 그것을 다른 사람들과 공유해야 한다는 사실을 깨닫게 될 때, 비로소 감사는 흘러나온다.

우리를 창조하시고, 유지시켜 주시고, 인도해 주시는 하나님의 친밀한 사랑과 접촉하면 할수록 우리는 사랑으로부터 수많은 열매들이 생겨난다는 사실을 점점 더 확실히 깨닫게 된다. 그것은 곧 다음과 같은 성령의 열매들이다: 기쁨과 화평과 인내와 친절과 선함과 신실과 온유와 절제. 이러한 열매들과 접하게 될 때마다 우리는 그것을 선물로 경험하게 된다.

예를 들면, 우리가 가족들과의 즐거운 분위기 또는 친구들과의 평화스러운 분위기를 만끽하거나, 공동체 속에서 상호 지원이나 협동의 정신을 누리게 될 경우, 우리는 자신이 그것을 만들어낸 게 아니라는 사실을 직관적으로 알게 된다. 그런 것은 만들어지거나 모방되거나 보급되지 않는다. 우리를 부러워하는 사람들, 우리의 기쁨과 평화를 갖고 싶어 하는 사람들에게 그것을 생산해낼 수 있는 어떤 공식이나 그것을 획득할 수 있는 어떤 방법을 가르쳐 줄 수는 없는 노릇이다. 그것은 언제나 선물로서 주어지는 것이다. 그러므로 그것에 대한 오직 한 가지 적절한 반응은 바로 감사다.

우리는 진짜 선함이나 온유함을 경험하는 순간마다 그것이 선물이라는 사실을 깨닫게 된다. 만일 우리가 "글쎄, 그 여자가 우리에게 친절한 것은 그만큼 보수를 받기 때문이야"라든가 또는 "그 남자는 우리에게 뭔가 원하는 게 있기 때문에 그토록 친절한 말만 하는 거야"라고 말할 경우, 더 이상 우리는 그 선함을 선물로 받아들일 수 없다. 우리는 선물을 주고받음으로써 성장한다.

우리에게 일어나는 모든 일들이 예측 가능한 행동의 예측 가능한 결과로 여겨질 때, 우리의 삶은 역동성과 윤택함을 상실하게 된다. 그럴 경우 삶은 지속적으로 상품—신체적, 정서적, 영적 상품들—을 사고파는 상업으로 전락하고 만다. 감사의 정신이 없다면 삶은 침체될 테고 결국은 지루하고 지겨운 것이 되어버릴 것이다. 하지만 우리가 지속적으로 삶의 새로운 표현들에 놀라고 계속해서 하나님과 우리 이웃들에게 찬양과 감사를 드린다면, 절대로 지루해지거나 진부해지지 않을 것이다. 그리고 삶의 전부가 감사의 원인이 될 것이다. 따라서 풍성한 열매와 감사는 결코 분리할 수가 없다.

마지막으로, 열매는 관심을 필요로 한다. 열매가 풍성한 삶을 살기 위해서는, 우리가 두려움을 느끼지 않을 수 있도록 지켜주고 우리 안의 연약하고 취약한 열매들이 강하게 성장할 수 있도록 지켜줄 수 있는 환경이 필요하다. 여기에서 관심은 조종이나 통제를 의미하지 않는다. 만일 우리가 씨앗을 심은 뒤에 매일 땅을 헤치고 그 씨앗을 꺼내서 얼마나 자랐는지 점검한다면, 그 씨앗은 결코 성장하지 못할 것이다; 이와 마찬가지로, 우리 자신의 삶과 다른 사람들의 삶이 맺는 열매들도, 우리가 만일 그것의 발달 단계를 일일이 통제하고자 할 경우, 절대로 성장할 수가 없다. 산물의 경우는 고장을 막기 위해서 지속적인 관리가 필요하다. 하지만 열매는 그저 관심 어린 환경의 풍요로운 토양과 물, 공기, 햇빛만을 필요로 한다. 예수께서는 만나는 사람들 모두에게 깊은 관심을 베푸셨다. 그분은 사람들을 통제하거나 지배하지 않고, 다만 말과 행동을 통해서 그들이 새로운 방향을 추구하고 새로운 선택을 할 수 있도록 기회를 제공해 주셨다.

우리가 더 이상 두려움의 지배를 받지 않고 하나님의 첫사랑을 경험하게 될 때, 이제 더 이상 무슨 일이 벌어지고 있는지 순간마다 알아야 할 필요성도 없어지게 된다. 우리는 그 사랑에 그대로 뿌리를 내리고 있기만 하면 좋은 일이 일어날 거라고 확신할 수가 있다. 진실한 교육과 육성, 치유는 모두 사랑의 열매가 성장할 수 있도록 해주고 완전한 성숙을 향해 발전해나갈 수 있도록 도와주는 방법이다. 모든 목회는 취약한 삶에 관심을 기울이는 것, 그리고 그것의 아름다움을 명백히 보여주는 다양한 열매들을 감사한 마음으로 받아들이는 것이다.

여기 라르쉬 공동체에서 나는 풍성한 열매의 아름다움보다도 더 좋은 것들을 볼 수가 있다. 우리가 두려움의 집에서 살아갈 적에는, 건강한 정신이나 신체, 생산적인 직업이나 행복한 가족이 없는 장애우들이 어떻게 열매가 풍성한 삶을 산다고 생각할 수 있는지 상상조차 하기가 힘들었다. 하지만 오랜 시간동안 장애우들과 생활해온 사람들은 장애우들의 위대하고 풍성한 열매를 직접 경험하게 되었다.

여기에서 나는 받을 줄 아는 사람들에게 그들이 얼마나 많은 것들을 주고 있는지에 대해서 살펴보고자 한다. 그들은 아낌없이 주저하지 않고 준다. 그들은 자신의 마음을 준다. 우리 "정상적인" 사람들에겐 종종 합리화와 편견, 두려움 뒤에만 감추어져 있는 것들이, 장애우들의 경우엔 가장 유용한 선물로 다가올 수가 있다. 그들은 자신의 사랑과 기쁨과 감사를—그리고 자신의 불안과 슬픔과 실망까지도—함께 나눈다. 그들이 너무나도 솔

직하기 때문에, 우리 역시 스스로의 마음에서 우러나오는 응답을 하기 위해 애쓰게 된다. 그들은 자주 감추어져 있는 우리 자신의 은사와 약점들을 어루만져 주고, 우리를 치료해 준다. 정작 그들 자신은 아무 것도 모르는 사이에 말이다!

심각한 장애를 지닌 사람들은 종종 자기 도우미들의 기분이나 숙소 내부의 분위기를 불가사의할 정도로 정확하게 감지해낸다. 집안에 조화와 평화가 깃들어 있는 동안에는 그들 역시 행복하고 흡족한 기분을 누린다. 하지만 갈등과 긴장이 깃든 분위기 속에서는 그들 역시 이것을 알아채고 자기도 모르는 사이에 행동으로 나타낸다. 도우미들은 미처 알아채기도 전에 말이다. 그들이야말로 인간 정신의 척도라고 할 수 있다. 다음은 어느 도우미가 한 말이다: "당신 자신의 감정 기복을 그렇게 직접적으로 반영해주는 사람들과 함께 생활한다는 것은 좀처럼 쉽지 않은 일이지요."

여러 해 동안 장애우들과 함께 일해 온 사람이라면 자신이 준 것보다 받은 것이 더 많다고 기쁘게들 말할 것이다. 때로 그들은 장애우들과 함께 일함으로써 자신의 진정한 자아를 발견하게 되었노라고 고백할 수도 있을 것이다. 장 바니에는 이것을 아름답게 상징화한 이야기 하나를 나에게 들려주었다. 몇 년 전, 라르쉬의 구성원들이 성지순례를 갔었다. 그들이 경비가 아주 삼엄

한 이스라엘의 공항에 도착했을 때, 장애우들 가운데 한 사람인 장 바니에-클라우드가 무장한 이스라엘 군인들에게로 똑바로 걸어가더니 서로 악수를 나누면서, 자신이 이 거룩한 땅에 도착하다니 얼마나 기쁜 일인지 모른다고 말하기 시작했다! 사실, 아주 연약한 사람들이 우리로 하여금 우리의 제복과 소총 뒤에 숨어 있는 진정한 자아를 발견할 수 있도록 도와주는 경우가 많다. 그들은 우리에게 우리 모두가 진정한 형제자매라고 말해준다. 무기와 병기들은 결코 우리 존재의 진실이 아니라고 말해준다.

장애우들은 매우 취약한 상태에 놓여 있다. 그들은 자신의 연약함을 숨기지 못하며, 따라서 부당한 대우와 조롱의 대상이 되기가 쉽다. 하지만 바로 이 취약함이 그들로 하여금 그들을 받아들이는 사람들의 삶 속에서 풍성한 열매를 맺을 수 있도록 만들어준다. 그들은 감사할 줄 아는 사람들이다. 그들은 자신이 다른 사람들에게 의존하고 있음을 잘 알며, 이러한 의존을 매순간 보여 준다; 하지만 그들의 미소와 포옹, 입맞춤은 자발적인 감사의 표현이다. 그들은 모든 것이 다 감사해야 할 순전한 선물임을 잘 알고 있다. 그들은 관심이 필요한 사람들이다. 만일 그들을 보호기관에 가둬놓고 그저 그런 사람으로 대우한다면, 그들은 움츠러들어서 아무런 열매도 맺지 못하고 말 것이다. 그들은 두려움에 압도될 것이고, 다른 사람들과의 관계를 차단시켜 버릴 것이다. 하지만 그러다가도 안전한 공간에서 자신이 신뢰할 수 있는 사람, 진정으로 관심을 쏟아주는 사람들과 함께 있게 된다면, 머지않아 그들은 자신의 온 마음을 기꺼이 바칠 수 있는 관대한 수여자가 될 것이다.

장애우들은 우리가 풍성한 열매의 위대한 신비를 발견할 수 있도록 도와준다. 그들은 우리를 경쟁적이고도 생산-지향적인 삶으로부터 이끌어내 주고, 우리 역시 사랑과 관심이 필요한 장애우라는 사실을 상기시켜 준다. 그들은 우리 역시 자신의 장애를 두려워할 필요가 전혀 없다고 말한다. 예수께서 당신의 상한 몸을 아버지께 바친 것처럼 우리 역시 열매를 맺을 수 있다고 말한다.

풍성한 열매와 선교

풍성한 열매를 완전히 이해하기 위하여 이제 우리는 그것의 전 세계적인 차원들에 관하여 논의해야만 한다. 하나님의 성령이 맺는 열매—기쁨과 화평과 인내와 친절과 선함과 신실과 온유와 절제(갈라디아서 5:23)—는 그저 상호간의 관계에만 한정시킬 수 없는 것들이다. 그 열매들은 친구와 가족, 공동체의 소규모 집단을 훨씬 능가하는 차원에 속한다. 그 열매들은 우리가 선교라고 부르는 전 세계적인 힘을 지니고 있다. 연대감이 진정한 친밀감으로부터 우러나오는 것만큼이나, 선교가 풍성한 열매로부터 우러나오는 것도 틀림없는 사실이다.

예수님의 영 안에 거하는 삶의 가장 분명한 특징들 가운데 하나는, 우리가 하나님의 선물을 모든 민족, 모든 국가들과 주고받을 수 있도록 지속적으로 파송된다는 것이다. 이렇게 주고받는 전 세계적 과정을 통해서 성령의 열매가 자라고 성숙해져 간다는 사실에 대한 내적인 인식이 전혀 없이 하나님의 집에 들어가 모든 인류를 만난다는 것은 영적으로 불가능한 일이다.

나는 라틴아메리카를 방문하는 동안 이 풍성한 열매의 전 세계적인 측면을 똑바로 볼 수 있게 되었다. 남부에 첫발을 내딛었을 때 나는 불모의 느낌과 싸우고 있었고, 따라서 생산성을 통해 나 자신을 입증해야 할 필요성이 있었다. 나는 우리가 북부에서 그토록 부유하게 지내고 있기 때문에 라틴 아메리카의 가난한 사람들과 그것을 나누라는 뜻에서 그곳에 파송된 것이라고 생각하였다. 내 눈에는 물질적인 자원도, 교육과 의료도 너무나 부족해 보였다. 내가 보인 최초의 반응은, 그 모든 것들에 관하여 뭔가를 행하고 싶다는 강한 욕구였다. 하지만 나는 이러한 사고방식이 자신의 "노하우"를 총동원하여 문제를 처리하는 해결사의 마음가짐이라는 사실을 금방 깨달았다. 가난을 극복하고 더 나은 건강과 교육을 위해 노력하는 것은 분명 잘못이 아니다. 하지만 우리의 주된 동기가 성공적인 변화를 가져오기 위한 것이라면, 결국에는 좋은 영향보다는 나쁜 영향을 더 미칠 것이다. 왜냐하면 급격한 변화의 추구에는 종종 폭력이 동반되기 때문이다.

그러나 만일 우리의 주된 초점이 성령의 열매에 있다면, 북부 사람들 사이에서와 마찬가지로 라틴 아메리카 사람들 사이에서도 성령의 열매를 적게 또는 많이 발견할 수 있다는 사실을 금방 깨닫게 된다. 심지어는 우리가 눈으로 보기에 지극히 의존적이고 취약해 보이는 사람들이 사는 사회야말로 하나님의 열매 맺는 사랑이 가장 쉽게 드러날 수 있다고까지 말할 수 있다. 페루의 수도 리마에서 몇 주 동안 가난한 사람들과 함께 생활하고 난 후 나는 그들이—부족한 점이 많음에도 불구하고—기쁨과 화평과 온유의 은사를 받은 데 대해 깊은 감명을 받았다. 그리하여 나는 내 소명이 주는 자로서의 소명뿐만 아니라 받는 자로서의 소명이기도 하다는 사실을 깨닫게 되었다. 어쩌면 내 경우에는, 가난한 사람들의 눈에 나 자신을 가치 있는 존재로 보이기 위하여 애쓰는 것보다, 오히려 그들의 사랑에서 비롯된 수많은 은사들을 받는 게 훨씬 더 중요했을지도 모른다.

하지만 우리의 경우, 받는 사람이 되기란 여간 어렵지가 않다. 그동안 우리는 유용한 프로젝트를 떠맡고, 비효율적인 방법을 변화시키고, 가장 긴급한 문제들을 해결하는 데에 너무나도 급급하였다. 이제 마음과 정신의 심오한 변화가 우리더러 받는 사람이 되라고 요구한다. 어찌된 일인지, 우리는 하나님께서 우리를 사랑하시는 것과 똑같이 중부와 남부 아메리카 사람들도 똑같이 사랑하신다는 사실, 그리고 하나님의 사랑이 다른 곳들과 마찬가지로 그곳에서도 풍성한 열매를 맺는다는 사실을 진심으로 믿는 게 무척이나 어려워 보인다.

우리 모두가—인종과 종교와 국가를 전부 초월하여—하나님의 집에 거하는 형제자매라는 사실을 명확히 이해하게 될 때, 비로소 우리는 하나님께서 가진 자들과 갖지 못한 자들을 전혀 구별하지 않으신다는 사실을 깨닫게 된다. 우리 모두는 자신이 받은 은사를 베풀어 주어야 하며, 동시에 자신에게 필요한 것을 받아들여야 한다. 가장 위대한 선교적 사명들 가운데 하나는 바로 가난한 사람들, 억압받는 사람들, 고통당하는 사람들의 삶이 주는 열매와 부유한 사람들의 구원을 위해 제공된 은사를 둘 다 똑같이 받아들이는 것이다. 요즘 들어 나는 이 사실을 점점 더 확신하게 된다.

> 우리가 가난한 사람들의 삶에 맺히는 영적인 열매들을 받아들이기 보다는 오히려 그들의 노동이 맺는 물질적 열매들을 강탈하는 데에 점점 더 혈안이 되고 있음을 증명하는 것, 이것은 역사 속의 비극이다. "바나나 공화국"(바나나·과일 수출에 의존하는 열대 중남미 소국들; 역자 주)이라고 하는 굴욕적인 단어는 우리에게 이러한 사실을 제대로 상기시켜 준다.

통제와 자만의 환상 속에서 살고 있는 우리는 이제 가난한 형제자매들로부터 진정한 기쁨과 화평, 용서, 그리고 사랑을 배워야 한다. 마틴 루터 킹 2세는 이것이 미국에 거주하는 흑인들이 동등한 권리를 획득하기 위하여 백인으로 전향하는 것만큼이나 중요한 일이라고 주장하였다. 또한 부유한 사람들이 가난한 사람들과 자신의 부를 나누는 것만큼이나, 그들이 가난한 자들로 전향하는 것 역시 중요한 일이다. 우리가 오직 주는 것만을 원하고 받는 사람이 되기를 거부한다면, 그것은 어떻게 해서라도 통제 하에 있고 싶은 우리의 욕구를 거스르는 것이다. 그리하여 우리는 두려움의 집에 머무르게 되는 것이다.

한번은 비극적인 사건으로 인해 사망한 18세 소년 안토니오를 추모하면서 성만찬 예식을 베푼 적이 있었다. 성만찬 예식을 마친 후에 나는 안토니오의 어머니께 깊은 조의를 표하기 위해 교회 입구 쪽으로 걸어갔다. 하지만 그 때 나는 자신의 감정을 표현하기에 적당한 말을 고르는 데 여념이 없었다, 눈을 마룻바닥에 고정시킨 채 차마 그 어머니 쪽을 바라볼 수 없었고, 따라서 그 옆에 누가 있는지도 전혀 알 수 없었다. 마침내 나는 서툰 스페인어를 더듬거리며 다음과 같이 말하였다: "당신이 겪으셨을 그 커다란 상실감을 저 역시 깊이 공감합니다. 도대체 뭐라 말씀드려야 할지 모르겠군요. 부디 제가 당신의 고통을 공감하고 있다는 점을 이해해 주시기 바랍니다."

나는 두려운 가운데 머뭇거리면서 그렇게 말했었다. 하지만 그 어머니는 다음과 같은 말을 함으로써 나를 완전히 당황시켜 버렸다. "고맙습니다. 그렇게 아름다운 예식을 집례해 주셔서 정말 감사해요 …… 저희 집에 오셔서 함께 저녁식사를 드시지 않겠어요?" 나는 그녀의 말을 제대로 듣지 못했고, 아까 했던 말을 다시 한 번 반복했다. "당신의 아들을 잃으신 데 대해 깊은 애도의 뜻을 표합니다." 그러자 그녀는 다시 이렇게 말했다. "고맙습니다. 예식을 집례해 주셔서 감사해요. 저희 집에 가셔서 함께 식사하시죠." 내가 그녀의 말을 알아듣지 못하고 계속해서 눈을 내리깔고 서 있자, 그녀는 가까이 다가와서 나를 똑바로 일으키더니, 내 눈을 들여다보며 온화한 목소리로 이렇게 말하였다. "그렇게 낙담하지 마세요. 하나님께서 우리 안토니오를 사랑하고 계신다는 사실을 모르세요? 하나님께서는 우리에게 그 애를 몇 년 동안만 보내 주셨고, 이제는 하늘나라로 다시 데려가시길 원하고 계시잖아요? 저흰 그 아이가 우리와 함께 지냈다는 사실에 감사해요. 또 그 애가 이제는 영원히 하나님과 함께 할 수 있다는 점도 감사하게 생각해요. 예식을 집례해 주신 것도 감사드리구요. 하나님께서는 우리 모두를 사랑하시고, 우리 모두를 돌보아 주십니다. 부디 저희 집에 오셔서 함께 식사하시지요."

그녀의 말을 들으면서 나는 그녀의 부모와 형제자매, 그녀의 남은 아들딸들, 그리고 여러 명의 손자손녀들이 눈을 커다랗게 뜨고 미소를 지으면서 나를 바라보고 있다는 사실을 알게 되었다.

"맞아요, 그녀 말이 옳아요. 어서 저희 집으로 가시지요." 그 순간 나는 이 고통당하는 여인이 자신을 사랑하는 사람들에게 둘러싸인 채, 나에게도 자기 고통의 열매—하나님에 대한 믿음, 감사, 온유, 그리고 돌봄—를 나눠주고 있다는 사실을 깨달았다. 내가 그녀에게 보내진 것과 마찬가지로 그녀 역시 나에게 보내졌다. 내가 그녀에게 성직자의 임무를 수행하고 있는 것처럼 그녀 역시 나에게 성직자의 임무를 수행하고 있었다. 그녀는 그토록 심한 고통을 겪으면서도 오히려 나에게 위로와 격려의 말을 건네주었다.

나는 이 여인이 셀 수 없이 많은 라틴 아메리카 사람들을 대신하여 거기 서 있음을 깨달았다. 너무도 많은 것을 소유하고, 너무도 많은 것을 알며, 너무도 많은 것을 할 수 있는 우리 북부 사람들에게, 그녀는 자신들의 투쟁과 고통이 맺은 열매들을 받아들이라고, 또 우리 역시 성장할 수 있도록 우리더러 자기 집으로 가자고 요청하고 있었다.

만일 우리의 주된 관심사가 가난하고 억압당하는 사람들의 사랑이 맺은 열매들을 받아들이는 것이었다면, 지금 우리의 세계는 얼마나 다른 모습이 되어 있을까? 우리는 지금도 끊임없이 유혹받고 있다. 우리는 가난한 나라들을 무신론적 공산주의가 판치는 불모의 땅으로 간주하고 우리의 국가적 안전에 위협이 되는 존재로 치부하고 싶어 한다. 우리는 여전히 두려움의 집에 거하면서, 무기와 탱크, 잠수함, 미사일을 생산해 내고 있다. 하지만 이러한 산물들을 더 많이 생산해내면 낼수록, 우리는 우리에게 받아들이라고 요청한 열매들을 인정하기가 점점 더 어려워진다.

만일 우리가 남부에 사는 이웃들을 그 누구보다도 경건하게 기도하는 사람들, 자기 자녀와 가족을 깊이 사랑하는 사람들, 사랑이 넘치는 시를 쓰는 사람들, 기쁨과 감사의 영을 지닌 사람들로 바라볼 수 있다면 어떻게 될까? 너무나도 바빠서 기도조차 할 수 없는 우리, 너무나도 외로워서 가족조차 함께 머무를 수 없는 우리, 너무나도 현실적이어서 시조차 쓸 수 없는 우리, 너무나도 자기 자신에게만 몰두해 있어서 기뻐하거나 감사할 수조차 없는 우리―이런 우리도 그들과 같은 은사들을 받아들이고 싶지 않을까?

만일 온 백성을 위한 하나님의 친밀한 사랑의 열매를 주고받는 것이 우리의 주된 관심사라면, 평화는 이미 가까이 와있다고 할 수 있다. 우리 세계에서는 이러한 평화를 거의 찾아볼 수가 없다. 하지만 두려움의 집을 벗어나 사랑의 집에서 이러한 은사들을 나누기 시작하는 사람들이 있다면, 언제 어디서든지 진정한 선교가 시작될 것이며, 진정한 평화가 시작될 것이다.

결 론

　풍성한 열매는 생명을 탄생시킨다. 하나님은 생명의 하나님이시다. 사랑 많으신 하나님의 존재가 알려진 곳이라면 그 어디에서든지, 생명이 분출되는 것을 볼 수가 있다. 불모와 생산성은 둘 다 그 속에 죽음의 씨앗을 담고 있다. 풍성한 열매는 언제나 새로운 생명, 곧 새롭고 신선하고 고유한 방식—아이, 시, 노래, 친절한 말, 온화한 포옹, 관심이 깃든 손, 또는 국가들 간의 새로운 동맹—으로 표출되는 생명을 의미한다.

　하지만 생명은 축하를 해줘야 한다. 축하가 없다면 그 어떤 생명도 잘 자랄 수가 없다. 이리하여 우리는 사랑의 집에서 거하는 삶의 세 번째 특징, 곧 황홀한 기쁨으로 나아가게 된다.

제3부

황홀한 기쁨

서 론

  사랑의 집에서 거하는 삶의 세 번째 특징은 바로 황홀한 기쁨이다. 이것은 처음에는 놀라움으로 다가올 수 있다. 우리는 황홀한 기쁨이라고 하면 흔히 영적인 환희에 사로잡힌 상태에서 초자연적인 일들을 상상하는 것이라고 생각하는 경향이 있다. 확실히 우리는 그런 상태를 예외적인 것, 그리고 행복한—혹은 불행한!—소수에게만 한정되는 것으로 여기고 있다. 하지만 나는 두려움의 집에서 뛰쳐나와 사랑의 집으로 들어가고 싶어 하는 모든 그리스도인들을 위해 이 "황홀한 기쁨"이라는 단어를 되찾는 것이 매우 중요하다고 생각한다. 예수께서는 친밀감과 풍성한 열매에 관하여 말씀하신 후에 제자들에게 이렇게 이르셨다.

"내가 너희에게 이러한 말을 한 것은, 내 기쁨이 너희 안에 있게 하고, 또 너희의 기쁨이 넘치게 하려는 것이다"(요한복음 15:11). 여기에서 "넘치는 기쁨"은 하나님의 집에서 친밀하고 열매 많은 생활을 한 것에 대한 보상이다. 황홀한 기쁨은 바로 이 넘치는 기쁨, 곧 소수의 초자연적인 사람들에 대한 보상이 아니라 모든 신도들에게 똑같이 주어지는 기쁨을 말한다.

우리는 기쁨이 없는 시대에 살고 있다. 만일 생명을 탄생시킬 수 있는 우리의 능력을 의심하고 떠돌이 생활을 하기 때문에 우리가 이 세상에서 고통을 당하고 있는 것이라면, 기쁨이 없는 생활은 그 고통을 증명해주는 중요한 징표들 가운데 하나라고 할 수 있을 것이다. 더욱이 사람들이 정말로 경험하고 있는 기쁨은 좀처럼 말로 표현하기가 어렵다.

나는 대학생 시절 어느 교수님이 한 해 동안 끊임없이 인간 생활의 걱정거리들에 관하여 강의하셨던 것을 아직도 생생하게 기억한다. 그분은 키에르케고르, 하이데거, 까뮈의 사상에 관하여 아주 상세하게 논의하였다. 그리고 두려움의 분석에 대하여 매우 인상적인 해설을 제공해 주었다. 그 학기의 마지막 달이 되었을 때, 몇몇 학생이 용기를 내서 그분의 강의를 중단시키고 부디 이 학기가 끝나기 전에 기쁨에 대해서도 조금만 얘기해 달라고 요청하였다. 맨 처음에 그분은 깜짝 놀라 당황해하시더니 한 번 노력해 보겠노라고 약속을 하셨다. 다음 강의 시간에 그는 주저하면서 기쁨에 관하여 말하기 시작하셨다. 하지만 그의 말은 불안과 두려움에 관하여 말할 때보다 확신도 부족한 것처럼 들렸고, 깊은 인상을 남겨주지도 못했다. 결국은 두 번의 수업이 더 지나간 후에 그분은 기쁨에 관한 사상이 바닥나 버렸으며, 따라서 잠시 동안 중단되었던 사상의 기차를 다시금 출발시켜야 할 것이라고 하셨다. 이 사건은 나에게 깊은 인상을 남겼다. 그도 그럴 것이, 나는 그 교수님을 굉장히 존경하고 있었기 때문이었다. 나는 계속해서 의문을 품었다. 어째서 그분은 불안에 관하여 강의할 때처럼 유창하게 기쁨에 관해서도 강의하실 수가 없었던 것일까?

어쨌든 기쁨은 슬픔보다 말로 표현하기가 훨씬 더 힘들다. 우리는 건강보다 질병, 정상적인 상태보다 비정상적인 상태에 관하여 더 많은 이야기를 해온 것처럼 보인다. 다리가 아프거나, 두통이 일거나, 눈이 불타오르거나, 마음이 괴로울 때, 나는 그것에 관하여 아주 상세하게 이야기한다. 하지만 완벽하게 건강할 경우에는, 내 몸의 어떤 부분에 관하여 할 말이 전혀 없거나 또는 거의 없다.

그렇다면 우리 삶에서 슬픔보다 기쁨이 더 적다는 소리일까? 아마도 그럴 것이다. 하지만 기쁨은 사실상 슬픔이나 고통보다도 더 깊고, 더 친밀하고, 더 "정상적인" 상태일 수가 있다. 그렇기 때문에 명확히 표현하기가 더 어려운 것이다. 기쁨에 관한 말들은 종종 케케묵은, 피상적인, 감상적인 것처럼 들리며, 번민이나 두려움이나 고통에 관한 말들처럼 깊숙이 우리 속에 파고들지는 않는 것처럼 보인다. 기쁨에 관한 말들은 근원지 가까이 도달하지 못하는 것처럼 보인다.

예수님의 경우, 기쁨은 슬픔보다 좀 더 심오하고 좀 더 진실한 생활 모습이었던 게 확실하다. 예수님은 기쁨을 새로운 삶의 징표로서 약속해 주신다: "그러나 너희가 근심에 싸여도, 그 근심이 기쁨으로 변할 것이다. 여자가 해산할 때에는 근심에 잠긴다. 진통할 때가 왔기 때문이다. 그러나 아이를 낳으면, 사람이 세상에 태어났다는 기쁨 때문에, 그 고통을 더 이상 기억하지 않는다. 이와 같이, 지금 너희가 근심에 싸여 있지만, 내가 다시 너희를 볼 때에는, 너희의 마음이 기쁠 것이며, 그 기쁨을 너희에게서 빼앗을 사람이 없을 것이다"(요한복음 16:20b~22).

예수께서는 당신을 다시 보게 될 약속과 기쁨을 서로 연관 짓는다. 이런 의미에서, 기쁨은 절친한 친구가 오랫동안 떨어져 지내다가 다시 돌아왔을 때 우리가 누리게 되는 기쁨과도 비슷하다. 하지만 예수님은 그 기쁨이 여기에서 그치는 게 아님을 분명히 하신다. 그것은 "예수님 자신의 기쁨"이며, 하늘에 계신 아버지와 공유하고 있는 사랑, 완성으로 이끌어주는 사랑으로부터 흘러나오는 기쁨이다. "너희는 내 사랑 안에 머물러 있어라 ······

내 기쁨이 너희 안에 있게 하고, 또 너희의 기쁨이 넘치게 하려는 것이다"(요한복음 15:9b, 11).

"황홀한 기쁨"이라는 단어는 우리로 하여금 예수께서 제공해 주시는 기쁨을 좀 더 완벽하게 이해할 수 있도록 도와준다. 이 단어의 문자적인 의미는 기쁨에 관한 우리의 생각을 제대로 안내해 준다. "황홀한 기쁨"은 "ekstasis"라고 하는 그리스어에서 파생된 것으로, "ek"는 나가다를 의미하며, "stasis"는 정지 상태를 의미한다. 황홀한 기쁨에 빠진다는 것은 문자 그대로 정적인 장소 바깥쪽에 있는 것을 의미한다. 그러므로 황홀한 기쁨에 빠져 생활하는 사람들은 언제나 엄격하게 고정되어 있는 환경으로부터 벗어나서 새로운 것을 탐험하고 실재의 미지적인 차원을 추구하는 사람들이다. 여기에서 우리는 기쁨의 본질을 발견하게 된다. 기쁨은 언제나 새롭다. 오랜 고통, 오랜 슬픔, 오랜 애통은 있을 수 있지만 오랜 기쁨은 있을 수 없다. 오랜 기쁨은 이미 기쁨이 아닌 것이다! 기쁨은 언제나 이동, 회복, 재생, 변화—간단히 말하자면 생명—와 연관되어 있다.

기쁨은 본질적으로 황홀한 것이다. 왜냐하면 기쁨은 엄격하고 고정된 죽음의 장소에서 벗어나 새롭고 놀라운 생명의 장소로 이동하는 것이기 때문이다. "하나님은 죽은 사람의 하나님이 아니라, 살아 있는 사람의 하나님이시다"(마태복음 22:32). 하나님 안에는 죽음의 기미가 전혀 없다. 하나님은 순전한 생명이

시다. 그러므로 하나님의 집에 거하는 것은 끊임없이 황홀한 기쁨의 상태에서 사는 것을 의미한다. 그 안에서 우리는 살아있기 때문에 언제나 기쁨을 경험하게 되는 것이다.

이 장에서 나는 우리 삶 속의 황홀한 기쁨이 의미하는 바를 조금 자세히 탐구해 보고자 한다. 우선은 어째서 두려움과 황홀한 기쁨이 공존할 수 없는지를 밝힐 것이고, 그 다음으로는 어떻게 해서 황홀한 기쁨이 사랑의 집에서 즐거운 축하의식이 되는지를 알아볼 것이다. 그리고 마지막으로, 황홀한 기쁨을 새로운 국제 질서의 수단으로 간주함으로써 황홀한 기쁨이 지니는 전 세계적 차원에 관하여 논의해 보고자 한다.

황홀한 기쁨과 두려움

두려움은 친밀감과 풍성한 열매를 억누르는 것처럼 황홀한 기쁨도 불가능하게 만든다. "그 산들을 보자 너무나도 황홀했다"라고 말할 때, 우리는 두려움이 없었던 순간, 우리 주변의 아름다움을 전적으로 받아들였던 순간을 떠올린다. 황홀한 순간이란 바로 자신의 편견을 던져버리고 자신으로부터 빠져나와 새로운 실재로 나아가는 순간을 말한다.

두려움의 집에는 황홀한 기쁨을 위한 방이 전혀 없다. 두려움은 우리가 계속해서 익숙한 장소에만 매달리게 만들며, 극심한 불안의 경우에는, 아무런 목적도 없이 흩어지게끔 만든다. 우리가 두려움에 시달리게 될 때에는, 다음과 같은 두 가지 반응―

지루한 일상과 뿌리 없는 삶—이 가장 보편적으로 나타난다.

지루한 일상은 두려움이 일시적으로 완화될 수 있게끔 해주는 동질감과 익숙함을 의미한다. 두려운 상호작용을 회피하기 위하여 우리는 종종 틀에 박힌 방식으로 말하고, 생각하고, 행동한다. 지루한 일상은 예측이 가능하며 반복적으로 나타나기에 놀랄 일이 전혀 없다. "여기에서는 그런 식으로 한답니다." 또는 "항상 이런 식으로 해왔는데요." 또는 "난 언제나 이 방법을 써 왔거든요." 또는 "난 항상…… 라고 배웠는데요." 이런 의견들은 모두가 다소 정적인, 따라서 무감각하고 지루한 일상의 증거다. 때때로 지루한 일상은 복잡한 의식의 형태를 취하기도 한다. 잠들기 전, 어린 아이들은 종종 부모가 어떤 의식을 치름으로써 자기에게 안전한 느낌을 심어주기를 바란다. 이야기나 기도, 쿠키, 키스, 또는 노래 등등 모두가 어둠의 "영"(spirits)을 쫓기 위한 잠자리 의식에 속하는 것들이다. 어린이들은 종종 어떤 것을 항상 똑같이, 올바른 순서에 맞춰 행하는 것에 대해 아주 완강한 태도를 취하기도 한다.

그러나 단지 어린이들만 그런 지루한 일상을 발달시키는 것은 아니다. 우리 모두는 어느 정도 지루한 일상을 발달시키고 있다. 우리의 의식은 하루를 시작하는 방법, 타인을 환대하는 방법, 대화를 나누는 방법, 또는 식사를 준비하는 방법과 같이 아주 사소한 것일 수 있다. 또 우리의 의식은 우리가 정치에 관해 생각하는 방식이나, 교회와 관계를 맺는 방식이나, 기념일들을 축하하는 방식이나, 죽음에 관해 말하는 방식이나, 우리 삶의 위기에 대처하는 방법만큼이나 복잡한 것일 수도 있다.

이 모든 지루한 일상을 두려움의 표출이라고 보는 것은 너무 단순한 견해일 것 같다. 이것들 가운데는 우리 삶의 순서를 정하고 다른 사람들과 의사소통을 하는 데 도움이 되는 방법들도 상당히 많다. 그러나 지루한 일상의 행동이 우리의 일상생활을 지배하기 시작할 때, 그리고 변화의 암시가 폭력적인 저항을 불러일으킬 때, 두려움은 우리 실존의 근거를 송두리째 뒤흔들어버리고 만다.

라르쉬 공동체에서는 우리가 두려움을 쫓기 위해 지루한 일상을 어떤 식으로 이용해야 하는지 쉽게 알 수가 있다. 일전에 나는 서른다섯 살의 정신지체 장애우 남자에게 깊은 감명을 받은 적이 있었다. 그는 자신이 예배 시간에 맡은 임무들에 관하여 아주 자세히 말해주었다. 내가 흥분해서 도우미 한 사람에게 그 이야기를 들려주었더니 그 여자는 다음과 같이 말했다: "그이는 이 집에 새로 들어오는 사람마다 그 얘기를 꼭 한답니다. 그게 바로 낯선 사람들을 대하는 그이만의 방법이에요. 우리는 그가 점차적으로 두려움을 극복하고 좀 더 많은 이야기들을 지어서 전달할 수 있도록 도와주려고 해요." 이 말을 듣는 순간 나는 갑자기 깨달았다. 이 장애우가 나와 너무나도 많이 닮았다는 사실을. 나 역시 두려움을 가라앉히기 위하여 사람들에게 곧잘 들려주는 이야기가 몇 가지 있었던 것이다. 당연히 나를 아는 사람들은 이렇게 말하곤 한다. "그 얘긴 이제 그만 좀 해요!" 나 역시 불안감을 해소하고 어느 정도의 인정을 받기 위하여 나만의 사소한 "성공 스토리"를 지니고 있었던 것이다.

두려움이 크면 클수록 지루한 일상은 좀 더 엄격해진다. 그렇기 때문에 환경이 우리에게 커다란 불안을 안겨줄 경우 우리는 종종 익숙한 사고방식과 행동양식에 집착하곤 하는 것이다.

일전에 나는 배를 노 저어서 대서양을 횡단하기로 결심한 두 남자에 관한 이야기를 읽었다. 그 여정의 한가운데서 그들은 방향 감각을 잃고 두려움에 휩싸이게 되었다. 끝도 없는 망망대해에서 그들이 미쳐버리지 않고 버틸 수 있는 유일한 방법은 오로지 "정신적인 놀이틀", 곧 매우 엄격한 일상의 프로그램을 만들어내는 것뿐이었다. 그들은 단 일분도 계획 없이 흘려보내지 않았다. 심지어는 그들이 나누는 대화의 주제까지도 일일이 다 계획하였고, 대화의 방법까지도 결정하였다. 한 시간은 개인적인 역사들을 서로 교환했고, 또 한 시간은 예술에 관하여 이야기했으며, 또 한 시간은 학문에 관하여 토의하였다. 그렇게 함으로써 그들은 끝까지 자신의 정신적인 경계선을 상실하지 않도록 막을 수 있었으며, 지나가던 배가 그들을 발견하고 해안가로 데려다줄 때까지 제정신인 채로 남아있을 수 있었던 것이다.

삶이 고도로 조직화되어 있고 이상이 뚜렷한 공동체가 수많은 사람들에게 매력적인 공동체로 비쳐지는 것은 당연한 일이다. 사람들은 저마다 깊숙이 자리한 두려움 때문에 안전을 위해서라면 자유까지도 기꺼이 희생시킬 준비가 되어 있기 때문이다.

예수께서는 율법주의의 형태를 지닌 이러한 지루한 일상의 행동과 부딪히게 되었다. 안식일 준수와 관련된 예수님의 갈등은 그 좋은 예이다. 안식일에 예수께서 소경으로 태어난 사람을 고치시자 바리새인들은 다음과 같이 소리쳤다. "안식일을 지키지 않는 것으로 보아서, 그는 하나님에게서 온 사람이 아니오"(요한복음 9:16). 그리고 또 예수께서 안식일에 절름발이 남자를 고치시자 회당장이 사람들에게 다음과 같이 말했다. "일을 해야 할 날이 엿새가 있으니, 엿새 가운데서 어느 날에든지 와서, 고침을 받으시오. 그러나 안식일에는 그렇게 하지 마시오"(누가복음 13:14).

예수께서는 유대교 율법을 준수하는 것에 대해 높은 관심을 보여주셨다. 하지만 두려움과 권력에 기인한 율법주의는 맹렬히 공격하셨으며, 율법은 어디까지나 신적인 사랑의 역사에 이바지해야 한다는 사실을 명확히 밝히셨다.

우리가 바리새인들을 비난하기는 아주 쉽다. 심지어는 그들과 닮지 않았다는 데 대해서 하나님께 감사를 드릴 수도 있다! 하지만 심리학자 어윈 굿이너프는 우리 모두가 거의 언제나 율법주의자에 속한다고 주장한다. 우리 모두가 명확하고 특별한 행동 체계에 복종함으로써 얻을 수 있는 평화와 안전의 느낌을 즐긴다는 것이다. 그리고 모든 사회와 종교 공동체들은 그러한 느낌을 제공하기 위해 최선을 다한다는 것이다. 굿이너프는 율법주의를 커튼에 비유한다. 알지 못하는 것들로부터 우리를 막아주고 또 어떻게 행동해야 할지를 우리에게 알려주는 아주 생생한 모양의 커튼 말이다. 예수께서는 스스로를 "초율법주의자"라고 생각하셨다. 곧 "적어도 몇 가지 측면에서는, 신선한 인식과 판단을 위해, 사회적으로 제공되는 커튼을 찢어버리는" 사람이라고 여기셨던 것이다.(Erwin R. Goodenough, *The Psychology of Religious Experiences*, New York: Basic Books, 1965, 102~3쪽을 읽어 보아라.)

지루한 일상은 우리 생활에서 상당히 많은 자리를 차지한다. 또한 지루한 일상은 우리에게 어느 정도의 안전감과 편안함을 제공해준다. 하지만 그것이 우리의 주된 대처 방안이 될 때에는 오히려 우리를 엄격하게 만들고, 심지어는 우리를 죽이기까지 한다. 어떤 형태로든 황홀한 기쁨이 존재하지 않는다면 우리는 결코 오랫동안 버텨낼 수가 없을 것이다.

그렇지만 두려움이 반드시 우리를 지루한 일상의 행동으로 이끄는 것만은 아니다. 두려움은 우리를 정반대의 방향—뿌리 없는 삶—으로 이끌기도 한다. 두려움은 우리를 방랑자로 만들 수 있다. 특정 목표나 방향이 없이 그저 여기저기를 떠도는 사람 말이다. 그렇게 될 경우 우리의 감정과 느낌은 강을 벗어난 사나운 강물이 된다. 땅에 물을 대는 게 아니라 오히려 땅을 파괴해 버리고 만다. 맹렬히 비난하고, 스스로를 해치고, 변덕스런 대화를 나누고, 도망치고, 정처 없이 떠돌아다니고—이 모든 것들이 우리가 맞서기엔 너무나도 거대해져버린 두려움에 대한 반응이라고 할 수 있다.

예수께서는 하나님의 아들이 오시기 전에 나타나게 될 두려운 징표들에 관하여 설명하면서, 제자들에게 경고하기를, 방탕과 술 취함과 세상살이의 걱정으로 마음이 짓눌리지 않게 하고, 겁에 질린 채 여기저기 정처 없이 뛰어다니지 말라고 말씀하신다. 예수께서는 제자들에게 이르시기를, 앞으로 일어날 이 모든 일을 능히 피하고, 또 인자 앞에 "설 수 있도록" 기도하면서 늘 깨어 있으라고 촉구하신다(누가복음 21:34~36을 읽어 보아라).

라 포헤스티에흐는 프랑스에 있는 라르쉬 공동체들 가운데 하나다. 그곳에는 아주 장애가 심각한 사람들이 기거하고 있다. 그곳에서 나는 종종 자해 장면을 목격하는 것이 얼마나 고통스러운 일인가를 깨닫게 되었다. 도우미들은 그곳 사람들이 스스로를 해치지 못하도록 보호하기 위해 무진장 애를 쓴다. 그들 가운데 대부분은 말할 수 없거나, 혼자서 걸을 수 없거나, 먹을 수 없거나, 옷을 입을 수 없다. 에디프 같은 경우는 자기 머리를 딱딱한 물건으로 계속해서 치는 버릇이 있다. 그녀는 볼 때마다 항상 자해한 상처를 감싸기 위해, 그리고 더 심각한 자해를 막기 위해 붕대를 싸매고 있었다.

그렇게 매우 한정된 방식으로 의사소통을 할 수 밖에 없는 사람들의 마음속에서 과연 무슨 일이 벌어지고 있는가를 파악하기란 어려운 일이다. 하지만 나는 그들과 함께 생활하는 동안 우리의 가장 열정적인 이해 저 너머에 존재하는 실존적인 두려움을 발견하게 되었다. 이 장애우들의 불안을 통해서 나는 예수님이 겟세마네동산에서 느끼셨던 불안감을 엿보게 된다. 그들의 불안은 그 누구도 파고들 수 없는 극심한 외로움을 가리킨다. 돌봐줄 친구나 환대해줄 집에 대한 필요성을 훨씬 뛰어넘는 떠돌이 생활, 그리고 인간적인 절망의 깊은 골짜기로 들어가는 뿌리 없는 삶. 우리가 할 수 있는 일이라곤 그저 존재하는 것뿐이다. 아무런 변화도 기대하지 않고 다만 극심한 인간적 두려움 가운데 서 있는 것이다.

하지만 라 포헤스티에흐에도 기쁨과 평화는 존재한다. 장애우들과 그들의 도우미들은 신비로운 방식으로 사랑의 공동체를 형성한다. 그 사람들의 불안보다 훨씬 더 강력한 사랑의 공동체를 형성하는 것이다. 그것은 행복과 슬픔이 한 데 어울리고 또한 그것을 초월하는 신적인 존재의 표출이다. 그것은 그들에게 희망의 증표가 되어준 십자가와 관계가 있다. 어떻게 해서든 뿌리는 결국 존재한다─온갖 뿌리 없는 삶을 초월하는 뿌리 말이다.

뿌리 없는 삶이 지루한 일상의 행동보다 더 우리를 기쁨으로 인도해 주지는 못한다. 우리가 존재했던 장소 없이는, 우리가 떠나온 집을 언급하지 않고는, 그 어떤 움직임도 우리를 공포스러운 도피로부터 벗어나게 해줄 수 없다. 뿌리 없는 삶과 목표 없음은 밀접하게 연결되어 있다. 자신의 뿌리와 접촉점을 상실해 버린 사람들은 방향감각마저 상실해 버리는 경향이 있다. 이것은 아주 그럴 듯한 이야기다. 왜냐하면 우리의 뿌리는 우리가 새로운 가능성을 탐구할 수 있도록 시간과 장소와 상황을 제공해 주기 때문이다. 여러분에게 편안한 기억이 거의 없거나 또는 아예 없을 경우, 세상 속에서 편안함을 발견하기란 그리 쉬운 일이 아니다. 자기의 마음과 정신을 개발하려는 동기를 상실해 버린 수많은 젊은이들은 편안함을 결코 누릴 수가 없다. 세상이 너무나도 두려운 곳이어서 살아남기 위해 감정적인 에너지를 전부 쏟아 부어야 한다면, 여러분은 한 가지 생활 방식에서 다른 생활 방식으로 옮겨갈 만한 능력을 전혀 갖지 못하게 될 것이다.

페루에서 몇 개월을 지낸 다음에 나는 북아메리카에 있는 내 친구들 대부분이 아무런 기쁨도 없이 일하고 있다는 사실에 충격을 받았다. 그들에겐 먹을 것도 넘치고 입을 것도 넘쳤으며, 거할 곳이나 의료시설도 충분히 있었다. 또한 그들은 대부분의 페루 사람들보다 훨씬 더 많은 교육을 받은 사람들이었다. 그럼에도 불구하고 이 젊은이들은 마치 세상의 모든 짐을 다 자기 어깨에 짊어진 사람처럼 생활하였다. 그들은 수많은 문제들에 둘러싸여 매우 심각한 것처럼 보였고, 우리의 세계에 널리 퍼져 있는 주요 문제들에 대해 매우 책임감이 강한 것처럼 보였다. 그들의 언어는 무거웠고, 그들의 성찰은 엄숙했으며, 그들의 감정은 침울했다. 또 그들의 생활관은 염세적이었고, 그들의 자기평가는 매우 낮았다. 그들 가운데 자신이 속해 있는 세상 속에서 편안함을 느끼는 사람은 거의 없었다. 종종 그들은 가족들과의 긴장 관계 속에서 고통을 겪기도 했으며, 자기 동료들과도 친밀한 관계를 발달시키지 못해 힘들어했고, 권위 있는 사람들에게는 적대감을 느끼기도 하였다. 또한 그들은 자신의 몸에 대해서도 편안함을 느끼지 못하는 경우가 많았다. 그들은 여러 가지 방식으로 소원해졌다. 자신의 과거에도, 자신의 현재에도, 그리고 자신의 미래에도 그들은 낯선 자에 불과했다: 그 어느 곳에도 그들이 떠나온 집은 없었고, 돌아갈 만한 집도 없었다. 그들에게는 진정한 움직임도 없었고, 진정한 생명도 없었으며, 진정한 기쁨도 없었다. 나는 야망이 넘치고 성공적인 삶을 살고 있는 이 친구들에게서 너무나도 심각한 고통을 보고 느꼈기에, 이른바 제1세계의 긴박한 영적 위기에 점점 압도되어 가고 있었다.

황홀한 기쁨과 사랑

    황홀한 기쁨은 지루한 일상과 뿌리 없는 삶의 행복한 중간이 결코 아니다. 기쁨은 신적인 원천으로부터 우리 삶속으로 스며든다. 그러므로 지루한 일상과 뿌리 없는 삶이 기거하는 두려움의 집에서는 결코 기쁨을 발견할 수가 없다. 물론 기쁨을 생산해 내려는 시도는 수도 없이 반복되어 왔다: 서비스 타임(술집이나 음식점에서 무료 또는 염가 서비스를 하는 시간; 역자주), 피로연, 그리고 서프라이즈 파티 같은 것들은 이제 우리 사회에서 매우 식상한 것이 되어 버렸다. 하지만 그런 식의 "산물들"은 본질적으로 슬픈 우리의 실존을 전혀 변화시키지 못한 채, 그저 몇 시간 동안 우리가 과거를 잊거나 미래를 무시할 수 있도록 분위기를 이끌어 가는 것에 불과한 게 아닐까? 인위적으로 행복한 순간을 제공함으로써 사람들을 행복하게 만들고 안락하게 만드는 데에는 아주 많은 돈과 에너지가 들어간다. 이러한 행복은 사형집행을 앞두고 사형수 감방에 갇혀 있는 사람에게 최상의 음식을 선사하는 것과도 같은 이치다. 그 음식은 맛은 좋지만 결코 그 사형수를 살려주지 못한다.

진정 기쁨이 가득한 삶이 가능하다는 사실을 이제 사람들은 더 이상 믿지 않는다. 사람들은 삶을 다소 감옥처럼 받아들이고 있으며, 정반대의 환상을 제공해주는 사건—유람이나 서스펜스 소설, 성경험, 또는 잠깐 동안 의식이 아주 높아지는 사건—이 일어날 때마다 그것을 매우 감사해한다: 이것은 두려움의 집에 존재하는 행복이다. 이것은 "세상에서 만들어진" 행복이다. 그러므로 결코 지속될 수도 없고 깊은 만족감을 줄 수도 없다.

세속화된 우리 서구 사회에서 크리스마스는 두려움으로 가득한 우리의 삶 속에서 잠시 동안이나마 휴식을 취할 수 있도록, 이 환상적인 행복을 경험할 수 있는 좋은 기회를 제공해준다. 많은 사람들의 경우, 크리스마스는 이제 더 이상 우리 가운데 하나님, 곧 인간의 상처 속에 숨으신 하나님이 탄생하신 신비를 축하하기 위한 날이 아니다. 크리스마스는 이제 더 이상 어린이의 날이나, 기도와 회개로 기다리는 날이나, 조심스럽게 주의를 기울이면서 관상하는 날이나, 예전적인 의식과 즐거운 노래, 평화로운 가족 식사 속에서 기억을 되살리는 날이 아니다. 오히려 크리스마스는 회사가 고객들에게 사업상의 감사 표시로 화려한 선물을 보내는 날이 되어버렸다. 크리스마스가 되면 우체국은 엄청난 양의 성탄 카드를 배달하기 위하여 초과근무를 해야만 한다. 음식과 주류를 구입하는 데 엄청난 액수의 돈이 지출되고, 사회적인 사교 활동이 곧 풀타임 활동이 되어버린다. 트리와 장식이 넘쳐나는 거리, 달콤한 과자로 가득한 슈퍼마켓, 그리고 부모에게 "이것 갖고 싶어요, 저것 갖고 싶어요," 졸라대는 아이들. 이처럼 분주한 사람들의 야트막한 행복이, 원래 임마누엘, 곧 하나님께서 우리와 함께 하시는 것에 대한 심오하고도 지속적인 기쁨을 경험하도록 내정되어 있었던 장소를 가득 메워버리는 경우는 매우 흔하다.

예수께서 제자들에게 제공해 주시는 기쁨은 예수님 자신의 기쁨, 곧 예수님을 보내신 분과의 친밀한 교제로부터 흘러나오는 기쁨이다. 그것은 행복한 날과 슬픈 날, 성공적인 순간과 실패의 순간, 명예로운 경험과 수치스러운 경험, 수난과 부활을 결코 분리하지 않는 기쁨이다. 이 기쁨은 우리가 질병과 가난,

억압, 또는 박해 가운데 있을지라도 결코 우리를 떠나지 않는 신적인 선물이다. 이것은 이 세상이 우리를 웃기든지 괴롭히든지, 약탈을 하든지 폭행을 가하든지, 싸움을 걸든지 죽이든지, 언제나 그대로 존재한다. 이것은 진정으로 황홀한 기쁨이며, 언제나 우리를 두려움의 집으로부터 멀리 이끌어내어 사랑의 집으로 인도해 주고, 또 사형은 더 이상 최종 판결이 아니라는 사실을 지속적으로 선포해주는 기쁨이다. 비록 소음은 여전히 크게 들리고 황폐한 모습 역시 눈에 띄지만 말이다. 예수님의 기쁨은 삶이 축하받을 수 있도록 고양시켜 준다.

축하야말로 우리가 여기에서 반드시 언급해야 할 단어다. 사랑의 집에서 누리게 되는 신적인 황홀한 기쁨은 축하 속에서 명백히 드러난다. 축하는 예수님의 제자들의 삶뿐만 아니라 예수님의 새로운 공동체의 생활까지도 특징짓는다. 제자들은 새로운 삶을 추구하기 위하여 옛 삶을 두고 떠난다. 공동체는 ec-clesia, 곧 억압의 땅으로부터 자유의 땅으로 "부름 받은" 백성이다. 제자들뿐만 아니라 모든 회중들에게도 주님을 따른다는 것은 곧 축하를 의미한다. 승리를 거둔 것으로 판명된 하나님의 사랑을 계속적으로, 끊임없이 고양시켜 주는 것이다. 찬양은 하나님의 황홀한 기쁨이 우리들 가운데서 보이게 할 수 있는 구체적인 방법이다.

여기에서 아주 중요한 것은 "축하"라는 단어를 그리스도인

생활의 핵심 단어들 가운데 하나로 선포하는 것이다. 축하는 특별한 순간에만 벌이는 파티가 아니다. 축하는 모든 순간이 다 특별하므로 높은 곳에서 주신 축복으로 받아들이고 고양시켜야만 한다는 지속적인 인식이다. 크리스마스, 부활절, 성령강림절, 그리고 수많은 축제일이 있다. 생일과 결혼기념일, 그리고 갖가지 기념일들이 셀 수도 없이 많다. 그러므로 환영을 해야 할 날과 작별을 고해야 할 날이 있고, 손님을 받아야 할 날과 친구를 방문해야 할 날이 있다. 어떤 프로젝트를 시작해야 할 날과 끝마쳐야 할 날이 있으며, 씨 뿌려야 할 날과 거두어야 할 날이 있고, 계절을 시작해야 할 날과 마무리해야 할 날이 있다.

하지만 이러한 순간들조차도 축하의 완전한 의미를 총망라하지는 못한다. 축하는 행복한 순간을 고양시켜 줄 뿐만 아니라 슬픈 순간까지도 북돋워준다. 황홀한 기쁨은 삶의 전부를 다 포함하는 것이므로, 실패와 일탈, 죽음의 고통스러운 순간들까지도 전혀 회피하지 않는다. 사랑의 집에서는 죽음조차도 축하를 받는다. 그것은 죽음이 만족스럽거나 매력적인 것이기 때문이 아니라, 죽음을 앞두고서 삶이 승리로 선포될 수 있기 때문이다.

여기 라르쉬 공동체에서 장애우들과 함께 생활하며 나는 너무나도 많은 고통과 외로움, 분노, 좌절, 깊은 고뇌, 비통한 무력감을 목격하고 있다. 그런 것들은 우리 눈에 너무나도 잘 보이기 때문에 결코 정중한 태도나 선한 행동의 장막 뒤에 가려질 수가 없다. 우리는 고통을 공개적으로, 그리고 직접적으로 직면하게 된다. 하지만 바로 이 꾸밈없는 상황이야말로 축하의 힘이 그대로 드러나는 자리가 된다. 라르쉬 공동체에서는 다들 이렇게 말하는 것 같다: "그래요, 삶은 힘든 것이지요. 낮이나 밤이나 너무 힘들어요. 고통과 실망, 슬픔이 너무나도 크지요; 하지만 이 삶을 주신 분께 감사로 축하를 돌리지 않아야 할 날은 단 하루도 없어요. 어둠 속에서 빛이 드러나지 않는 시간이 단 한 시간도 없지요. 죽음조차도 열매를 맺지 않을 수가 없는 거예요."

매일 밤 라르쉬 공동체 사람들은 촛불과 예수님 또는 마리아의 성화를 들고 함께 모여서 노래도 부르고 성서도 읽고 기도도 한다. 이 순간에는 많은 이들의 슬픔이 집약되는 경우가 흔하다: 간절히 바랐던 방문객이 끝내 오지 않았던 모리스의 슬픔, 어머니가 여전히 편찮으신 마리의 슬픔, 자기 방을 떠나지 않겠다고 거부하고 있는 피에르의 슬픔. 이 순간에는 기쁨 역시 그대로 표출된다: 좋은 음식에 대한 기쁨, 새로운 도우미에 대한 기쁨, 새로 페인트를 칠한 것에 대한 기쁨, 친절한 방문객에 대한 기쁨, 사랑이 가득한 선물에 대한 기쁨, 신선한 꽃에 대한 기쁨, 그러므로 이 밤에 드리는 감사의 기도와 탄원과 축하는, 기쁨과 슬픔의 구분을 훨씬 뛰어넘어, 세상이 결코 주거나 빼앗을 수 없는, 이루 말할 수 없는 기쁨에 이르게 된다.

테이블에는 언제나 꽃이 꽂혀 있다. 때로는 특별한 이름이 적힌 촛불이나 냅킨이 놓여 있는 날도 있다. 처음에 나는 그것들을 보고서, 몇 주고 몇 달이고 지속되는 지루한 일상을 깨부수기 위한 나름의 방법이려니 생각했었다. 하지만 곧 깨달았다. 여기에 있는 사람들은 너무나도 심한 상처를 입은 사람들, 치유가 필요한 사람들이기에, 만일 새로운 희망의 빛줄기나, 사랑을 속삭여주는 목소리나, 또는 우리들 가운데 어딘가에는 완전히 신뢰할 수 있는 장소가 있다고 하는 의식 같은 게 없다면, 정말이지 단 하루도 살 수가 없었던 것이다. 브레드는 생일을 맞았고, 성 프란시스는 축일을 맞았다. 알랭은 떠나가고, 에밀은 되돌아왔다. 아방은 출발하였고 렌트는 끝마쳤다. 실비아는 어머니를 잃었고, 제럴드는 여동생을 얻었; 그렇다. 주님께서는 십자가 위에서 죽으셨고, 죽은 자 가운데서 살아나셨다—이 모든 일들이 끊임없는 기쁨의 노래 가운데 높이 들어 올려지고 축하를 받아야 한다. 그 어떤 질병도, 심지어는 죽음조차도 결코 파괴할 수 없는 삶의 기쁨에 대한 노래와 함께.

축하는 그저 잠깐 동안만 사람의 기분을 좋게 해주는 것이 아니다; 축하는 생명의 하나님에 대한 믿음이 웃음과 눈물 둘 다를 통하여 살아 움직이는 방식이다. 그러므로 축하는 의식이나 관습, 전통을 훨씬 넘어서는 것이다. 축하는 삶의 영고성쇠를 두루 포함하는 지속적인 확신이며, 그 확신으로부터 끊임없는 기쁨의 강물이 흘러나온다. 라르쉬 공동체의 장애우들은 그 무엇보다도 중요한 과정―하나님의 집에서 사는 것―속에서 나의 스승이 되어주고 있다. 그들의 기쁨은 나로 하여금 사망의 두려운 골짜기를 벗어날 수 있도록 이끌어주고, 내가 모든 생명의 황홀한 잠재력을 발견할 수 있도록 내 눈을 열어준다. 기쁨은 언제든지 새로운 생명이 싹틀 수 있는 단단한 땅을 제공해 준다. 기쁨은 어떤 한 가지 느낌이나 감정에 얽매일 수 없으며, 어떤 한 가지 의식이나 관습에도 얽매일 수 없다. 기쁨은 언제나 우리가 기대하는 것 이상이 되어주며, 항상 우리를 놀라게 하고, 따라서 언제나 우리가 생명의 주님과 함께 하고 있다는 징표가 되어준다.

우리는 자칫 이것을 부질없는 생각이나 행복한 꿈으로 치부해 버리고 싶은 유혹에 빠질 수 있다. 그러나 내가 여기에서 말하는 기쁨을 이미 맛본 사람들은 그것이 얼마나 실제적인 것인가를 잘 알고 있으며, 진정으로 기쁨을 누리는 사람들과 만나 본 사람 역시 그것의 실재를 전혀 의심하지 않는다.

기쁨이 가득한 사람이라고 해서 언제나 농담을 하거나 소리 내어 웃거나 미소를 짓는 것은 아니다. 또 기쁨이 가득한 사람이라고 해서 언제나 한 순간과 한 사건의 중요성을 비교하는 낙천적인 생명관을 가진 것도 아니다. 아니, 기쁨이 가득한 사람은 열린 눈을 가지고, 인간 실존의 다루기 힘든 실재를 바라본다. 하지만 그러면서도 결코 그 속에 갇히지는 않는다. 기쁨이 충만한 사람들은 "삼킬 자를 찾아"(베드로전서 5:8) 여기저기를 떠돌아다니는 악의 세력에 대해 어떠한 환상도 지니고 있지 않다. 하지만 그들은 죽음에게 결정적인 힘이 없다는 사실 또한 잘 알고 있다. 그들은 괴로워하는 사람들과 함께 괴로워한다. 그러나 결코 그 괴로움에 얽매이지는 않는다; 그들은 그 괴로움 너머로 영원한 평화를 바라본다. 이 구체화된 기쁨을 네덜란드의 유태인 여성인 에티 힐레숨 만큼이나 제대로 지닌 사람은 여태껏 없었다. 그녀는 나치 점령기에 암스테르담에 거주하였고 1942년에는 아우슈비츠 수용소에 갇혀 있었다. 네덜란드의 유태인 대학살이라고 하는 고난 현장의 한가운데서 그녀는 다음과 같이 기록하였다:

"나는 인간이 경험할 수 있는 슬픔과 아픈 관습들을 수없이 많이 알고 있으며 또 그것들을 겪고 있다고 믿는다. 하지만 나는 결코 그것들에 매달리지 않는다. 나는 그런 고통의 순간들을 연장하지 않는다. 그런 순간들은 마치 삶 그 자체처럼 폭넓고 영원한 강물이 되어 나를 지나간다. 그 순간들은 계속해서 흐르는 강물, 곧 삶의 일부가 된다. 그리고 그 결과 내 모든 힘은 그대로 보존된다. 내 힘은 결코 무익한 슬픔이나 반항에 동원되지 않는다"(*An Interrupted Life: The Diaries of Etty Hillesum, 1941~43*, New York: Pantheon, 1984, 81쪽에서 인용).

그렇지만 기쁨은 단지 각 개인들로부터만 발산되는 특징이 아니다. 기쁨은 신앙인들의 공동체에 주어진 선물 또는 그 이상이다. "두세 사람이 내 이름으로 모여 있는 자리, 거기에 내가 그들 가운데 있다"(마태복음 18:20). 이 구절은 사랑의 집에서 누리는 황홀한 기쁨이 곧 그리스도 자신의 기쁨 가득한 현존이며, 이것은 우리가 그리스도 안에서 그리고 그리스도를 통해서 서로 친교를 맺을 때마다 분명히 드러나는 것임을 확실히 보여준다.

최근 십여 년에 걸쳐서 나는 성만찬 예식이 어떤 식으로 사람들에게 심오하고도 지속적인 교제를 안겨줄 수 있는지에 대하여 분명히 알게 되었다.

여러 해 동안 나는 성만찬 예식이 이미 존재하는 공동체의 축하 표현이라고 생각했었다. 물론 그것이 옳다. 하지만 최근의 경험을 통해서 나는 성만찬 예식이 기존의 공동체를 표현할 뿐 아니라 새로운 공동체를 창조하기까지 한다는 사실을 깨닫게 되었다.

나는 두 개의 대학교에서 한두 명의 학생들을 데리고 매일 성만찬 예식을 거행하기 시작했다. 점점 더 많은 학생들이 모이게 되었고 그동안 서로 알지 못했던 사람들, 종교적인 문제에 대해서 전혀 다른 사상이나 견해를 지니고 있는 사람들, 그리고 나이와 국적과 생활양식이 너무도 다른 사람들이 성만찬 예식에 참여하게 되었다. 이 사람들 가운데 대부분은 결코 서로를 친구나 동료로서 선택한 것이 아니었다. 비록 모인 이유는 제각기 달랐지만 그들 모두는 매일 거행되는 성만찬 예식에 매력을 느꼈다. 성만찬 예식에서 하나님의 말씀이 선포되었고 그리스도의 살과 피가 나누어졌다. 몇 달이 지나자, 서로가 매우 다른 이 사람들은 말씀과 성만찬 예식을 통해서 자기들이 심오한 공동체를 형성하였음을 자각하게 되었다. 그들은 육체적이거나 감정적인 매력, 사회적인 친화 또는 공통의 관심사에 기초한 게 아니라 오직 그들 사이에 살아계신 그리스도의 현존에 기초한 유대감을 형성하게 되었다. 다함께 모여 자신의 죄를 고백하고, 다함께 모여 하나님의 용서를 받아들이고, 다함께 모여 성경말씀에 귀를 기울이고, 다함께 모여 빵과 포도주를 먹고 마심으로써, 그들은 새로운 사랑의 공동체를 형성하게 되었던 것이다.

그들 모두는 자신의 일상적인 투쟁 속에서 서로의 도움을 경험하기 시작하였고, 많은 이들이 서로 친구가 되었으며, 어떤 이들은 삶의 동반자를 발견하기까지 하였다. 그런 것들은 영성공동체의 놀라운 열매였다. 나는 예수님의 약속이 구체적으로 실현되는 것을 목격하였다: "내가 땅에서 들려서 올라갈 때에, 나는 모든 사람을 내게로 이끌어 올 것이다."

공동체는 하나님이 우리의 삶을 하나님의 기쁨으로 완성시켜 주시는 장소다. 예수님의 말씀은 모두 그분 자신의 기쁨을 우리와 함께 나누고 그리하여 우리의 기쁨이 완전해지도록 하기 위해서 선포되었다(요한복음 15:11을 읽어보아라). 이 완전한 기쁨은 언제나 "우리의 것"이다. 곧 그 기쁨은 모두가 하나의 생명에 속하는 것이다. 황홀한 기쁨은 이 공유된 삶을 향하여 나아가는 것이다. 움직임이 없는 정적인 삶은 우리를 분리시켜서 고립된 개인으로 만들고 우리 자신의 개인적인 생존만을 위해 싸우도록 만든다. 하지만 황홀한 삶은 우리 "한가운데" 새로운 생명이 발견되는 장소로 우리를 이끌어 준다. 황홀한 삶은 우리로 하여금 고립의 벽을 깨부수고 하나님의 사람, 곧 이미 시작된 영원한 삶의 기쁨을 선포하는 사람이 되게 한다. 황홀한 삶은 예수께서 선포하러 오셨던 하나님 나라의 첫 번째 표징이다.

황홀한 기쁨에 관하여 말할 게 아직 더 남아 있다. 친밀감이나 풍성한 열매와 마찬가지로 황홀한 기쁨 역시 폭넓은 차원을 지닌다. 황홀한 기쁨은 이제부터 내가 탐구하고 싶은 황홀한 삶의 포괄적인 측면이다.

황홀한 기쁨과 새로운 국제질서

　장 바니에와 장애우를 위한 그의 공동체들을 알게 되었을 즈음, 나는 인간의 고통이 지니는 폭넓은 차원들을 점점 더 확실히 깨닫게 되었다. 나는 볼리비아와 페루의 비인간적인 가난, 어렵게 얻은 독립을 지키기 위한 니카라과의 험난한 투쟁, 그리고 과테말라의 집단학살 폭력을 직접 목격하였다. 따라서 나는 개인들 간의 관계에 독이 될 뿐만 아니라 국가들 간의 관계에도 해를 미치는 악마적인 세력과 대립하게 되었다.
　얼마 지나지 않아서 나는 깨닫게 되었다. 황홀한 기쁨이라는 단어가 그저 몇몇 개인들이나 작은 공동체들에게만 도움을 줄 수 있다면 진정한 현대적 영성의 기초라고 할 수 없다는 사실을. 창조적인 국제질서를 파괴하는 "세력과 지배자들"을 못 본 체 하는 황홀한 삶은 도피적인 삶이다. 비록 세계 모든 나라들과 국민들을 위협하는 사악한 세력이 종종 우리 눈에 보이지 않으며 복잡하고 포착하기 어려운 것은 사실이지만, 그래도 우리는 그리스도인으로서 사랑의 하나님의 이름을 걸고 반드시 그 세력을 밝혀내어 축출해야만 한다. 그것이 바로 우리가 세계적인 차원을 지닌 그리스도인의 영성을 지속적으로 추구해야 하는 이유다. 그것이 바로 우리가 국제적으로 힘을 떨치고 있는 어두운 세력과 두려움 없이 진지하게 맞서 싸우는 그리스도인의 영성을 지속적으로 추구해야 하는 이유다.

악의 세력이 작용하는 것을 목격하기란 그리 어려운 일이 아니다. 뉴욕과 시카고, 파리, 런던, 암스텔담의 인상적인 고층건물들이 높이 솟아오르는 동안, 점점 더 많은 사람들이 살 집을 잃게 되었고, 심지어는 드러누울 만한 매트리스 하나 없는 신세로 전락하고 말았다. 높은 가격을 유지하기 위해 몇 톤의 음식이 쓰레기로 버려지는가 하면, 해마다 수백만 명의 사람들이 굶주림으로 죽어가고 있다. 국가 방위를 위한 복잡한 무기시스템을 구축하는 데 수십억 달러가 허비되는가 하면, 집 없는 사람들, 난민들, 문맹인들, 굶주리는 사람들, 노인들, 시골 사람들, 장애우들, 만성적으로 아픈 사람들, 수감자들, 그리고 정서적인 스트레스 때문에 고통당하고 있는 수많은 사람들의 필요를 채워줄 만한 원천은 거의 전무한 실정이다. 힘없는 사람들과 힘 있는 사람들 간의 격차, 가난한 사람들과 부유한 사람들 간의 격차, 병든 사람들과 건강한 사람들 간의 격차가 점점 더 크게 벌어지고 있다. 그리하여 우리가 서로를 형제자매, 곧 우리 모두에게 사랑의 집으로 들어와 살라고 초대해 주시는 사랑 많으신 하나님의 자녀로 바라보기가 점점 더 힘겨워지고 있다.

과테말라에서 나는, 밤낮을 가리지 않고 가능한 한 가장 정교한 방법을 동원하여, 사람이 사람을 괴롭히는 대도시 속의 대규모 독방구역에 관하여 알게 되었다. 정의와 평화를 부르짖는 목소리들을 침묵시켜 버리려는 조직적인 시도 속에서, 수천 명의 과테말라 인디언들이 괴롭힘을 당하다가 죽어가고 있었다.

이런 일이 벌어지고 있는 것은 단지 권력에 굶주린 몇몇 개인들의 범죄적인 성향 때문이 아니다. 괴롭히는 사람들 역시 그들의 이해를 훨씬 뛰어넘는 사악한 세력의 네트워크에 의해 희생당하고 있는 자들인 것이다.

최근에 나는 어느 과테말라 인디언 젊은이에 관한 이야기를 듣게 되었다. 그는 가족으로부터 멀리 끌려와 과테말라 군대의 병사로 "만들어졌다." 그는 자신의 인디언 동료들을 고문하고 죽이도록 강요당함으로써 인간의 위엄성을 완전히 박탈당하고 말았다. 그렇게 하지 않으면 자신도 똑같은 운명에 처하게 될 것이라는 위협 속에서 말이다. 공포가 그를 고문자, 살인자로 만들었다.

마침내 그는 가족을 다시 방문해도 좋다는 허락을 받아냈다. 하지만 그의 아버지는 그를 집에 들어오지 못하도록 막았다. 그의 아버지는 이렇게 말했다. "어머니에게 인사를 해도 좋다. 하지만 그런 다음에는 즉시 떠나거라. 너는 죽음을 몰고 다니는 사람이니까." 이 젊은 인디언 농부는 자기 백성들에게 거부를 당하였다. 그들이 보기에 이 사람은 이미 죽음의 영에 속한 사람이었던 것이다.

사탄은 예수님께 "세상의 모든 나라와 그 영광"을 보여준 다음 이렇게 말한다. "네가 나에게 엎드려서 절을 하면, 이 모든 것을 네게 주겠다"(마태복음 4:9). 예수께서는 이 세상에 대한 사탄의 지배력을 전혀 부인하지 않으신다. 사도 바울 역시 조금도 주저하지 않고 다음과 같이 말한다. "우리의 싸움은 인간을 적대자로 상대하는 것이 아니라, 통치자들과 권세자들과 이 어두운 세계의 지배자들과 하늘에 있는 악한 영들을 상대로 하는 것입니다"(에베소서 6:12). 그들은 이 세상을 자신의 손아귀에 움켜쥐고 있으려는 사악한 죽음의 세력이다. 그들은 지금도 활동하고 있는 "이 세상의 통치자"(요한복음 12:31)다.

바로 여기에서 세계적인 차원의 황홀한 기쁨이 등장한다. 황홀한 삶은 안전하고 무사하고 낯익은 장소를 떠나 다른 곳으로 나아가고자 하는 지속적인 의지를 수반한다. 그곳이 비록 우리 자신의 안전을 위협하는 곳이라 할지라도 말이다. 세계적인 차원에서 볼 때, 이것은 곧 "어떻게 해야 우리가 살아남을 것인가?"라는 질문을 뛰어넘는 하나의 대외 정책을 의미한다. 그것은 주로 인간의 생존에 관심을 둔 정책이며, 국가를 기꺼이 희생시키는 정책이다. 그것은 국가의 안전을 우상화하는 것이 자칫 인간성 전체를 위험에 빠뜨릴 수도 있다는 사실을 깨닫는 정책이다. 그것은 미국인, 러시아인, 쿠바인, 니카라과인, 멕시코인이 되기 이전에 먼저 인간이 되는 것을 더 중요하게 여기는 정책이다. 간단히 말해서, 그것은 국가들을 상호간의 공포에서 해방시켜 주고자 하는 정책이며, 국가들이 우리의 공통적인 인간성을 축하할 수 있도록 길을 열어주기 위한 정책이다.

황홀한 기쁨은 언제나 새로운 자유에 도달한다. 국가의 안전이 우리의 기본적인 관심사가 되고 국가의 생존이 이 행성에서의 삶을 유지하는 것보다 더 중요한 일로 여겨지는 한, 우리는 계속해서 두려움의 집에 갇혀 살 수밖에 없다. 그러므로 우리는 결국 안전—개인적, 사회적, 또는 국가적 안전—과 자유 둘 가운데서 하나를 선택해야만 한다.

자유는 인간의 진정한 목표다. 삶은 오로지 그것이 자유로울 때에만 진정한 의미를 지닌다. 안전에만 극단적으로 매달리는 것은 우리를 얼어붙게 만든다; 그것은 우리를 경직시키고, 병적으로 집착하게 만들며, 결국은 죽음에 이르도록 한다. 안전에 집착하면 할수록 우리는 죽음의 세력이—우리 침대 옆의 권총이나, 우리 집안의 소총이나, 또는 우리 항구의 트라이던트 잠수함 형태를 띠고서—점점 더 가까이 다가오는 것을 볼 수 있게 된다.

국가의 안전에만 병적으로 집착하는 것이 얼마나 재앙적인 결과를 가져오는지 증명하기 위하여 나는 다음의 비유를 기록하고자 한다:

> 세계 자원을 연구 조사하던 사람들이 있었다. 그들은 서로 이렇게 의논하였다: "어떻게 하면 우리가 어려운 시기에도 자원을 충분히 소유할 거라는 사실을 확신할 수 있을까요? 무슨 일이 일어난다 해도 우리는 살아남아야 해요. 그러니 지금부터 음식과 원료와 지식을 모으기 시작합시다. 어떤 위기가 닥쳐도 안전하고 무사하게 살아남을 수 있도록 말입니다." 그리하여 그들은 저장을 하기 시작했다. 그들이 너무나도 많이, 너무나도 열심히 저장을 하자, 다른 사람들이 불만스럽게 말했다: "당신들은 필요한 양보다 훨씬 더 많이 갖고 있어요. 우린 살아남기 위해서 꼭 필

요한 만큼도 부족할 지경인데 말입니다. 당신들의 재산을 조금만 나눠줘요!" 하지만 두려움에 사로잡혀 사재기를 하던 그들은 다음과 같이 말했다: "안 돼요, 안 돼, 긴급 사태를 대비해서, 상황이 우리에게까지 안 좋게 돌아갈 경우를 대비해서, 우리 생명이 위협 당할 경우를 대비해서, 우리에겐 이것이 꼭 필요합니다." 그러자 다른 사람들이 말했다: "우린 지금 죽어가고 있어요. 우리가 살아남을 수 있도록 제발 우리에게 음식과 원료와 지식을 좀 주세요. 우린 더 이상 기다릴 수 없어요······ 우린 지금 당장 그게 필요하다고요!" 하지만 두려움에 사로잡힌 채 사재기를 했던 사람들은 훨씬 더 큰 두려움을 느끼게 되었다. 가난하고 굶주린 사람들이 자기를 공격할까봐 두려워지기 시작한 것이었다. 그래서 그들은 서로 의논하였다: "낯선 사람들이 우리 재산을 훔쳐가지 못하도록, 우리 재산을 빙 둘러싼 장벽을 세웁시다." 그리하여 그들은 장벽을 높이 세우기 시작했다. 벽 바깥쪽에 적군이 있는지 없는지조차도 보이지 않을 만큼 높은 장벽을! 하지만 그들의 두려움은 점점 더 커졌고, 그들은 다시금 의논을 하였다: "이제는 우리 적들의 수가 너무 많아져서 우리 벽을 허물어뜨릴 수도 있게 되었습니다. 우리 장벽은 그들을 떼어놓을 수 있을 정도로 굳건하지가 못해요. 그러니 장벽 꼭대기에 폭탄을 설치해서, 아무도 감히 우리 가까이 접근하지 못하게 막아야 해요." 그러나 무기가 설치된 장벽 안에서도 그들은 안전함과 무사함을 느끼는 게 아니라, 오히려 그들 자신의 두려움으로 지어진 감옥 속에 갇혀 있는 것 같다는 생각이 들었다. 이제 그들은 자기들의 폭탄이 적들보다 오히려 자기들에게 더 해를 끼치지 않을까 두려워하게 되었다. 점차 그들은 죽음에 대한 자신들의 공포가 오히려 자신들을 죽음에 더 가까이 이끌어가고 있다는 사실을 깨닫게 되었다.

죽음의 도구가 점점 더 많아지고 복잡해지고 광범위해져서, 이제는 우리가 마음만 먹으면 며칠 내로 우리 인간을 완전히 멸망시킬 수 있을 정도가 되었는데도, 여전히 우리는 국가의 경계와 국가의 자존심, 국가의 명예를 지키는 일에만 집착하고 있다. 우리 자신을 방어하기 위하여 우리가 선택했던 그 방법들이 우리 적들뿐만 아니라 우리 자신들까지도 위험에 빠뜨리고 있다는 사실을 우리는 망각하고 있다. 가깝고 먼 이웃들로부터 자신을 지키기 위해 그렇게 많은 것들을 낭비한 나라는 일찍이 없었다. 그리고 우리 역시 인간의 멸망을 향해 이토록 가까이 와본 적은 없었다.

이러한 우상숭배에 관하여 알려주고 새롭고도 황홀한 기쁨으로 나아갈 길을 열어줄만한 영성의 필요성이 너무나도 절박하다. 우리는 국가 안전의 강박 현상에서 벗어나, 국적과 인종과 종교를 초월한 온 인류를 위한 삶으로 나아가고, 또 그러한 삶을 촉진시킬 수 있는 방법을 모색해야 한다.

그러므로 이제 우리는 국제적인 영성을 발달시켜야만 한다. 복음의 명령이 개개인의 행동 뿐 아니라 국가들의 행동에도 지침을 제공해줄 수 있는 세계적인 영성을 발달시켜야 하는 것이다. 이런 말을 하면 세상물정을 너무나도 모른다고 하는 사람이 많을 것이다. 그들은 자신의 개인적인 삶과 가족생활 차원에서는 예수님의 말씀을 기쁜 맘으로 받아들인다. 하지만 일단 국제간의 일로 확대되면, 이 똑같은 가르침은 비현실적이고 유토피아적인 것이라고 거부한다. 예수님은 개개인이 아니라 온 민족을 제자 삼으라고 제자들을 파송하셨다. 그리고 이 민족들에게 예수님의 명령을 준수하도록 가르치라고 말씀하셨다(마태복음 28:19~20). 마지막 날에 예수님은 바로 이 민족들을 보좌 앞으로 불러내어 다음과 같이 질문하실 것이다: "너는 여기 내 형제자매 가운데 지극히 보잘 것 없는 사람 하나에게 무엇을 해주었느냐?"(마태복음 25:31~46) 제자로서의 삶은 개인적인 경건이나 공동체의 충성을 훨씬 뛰어넘는 것이다. 온 세상이 변화되어야 한다! 개개인이 아니라 국가들이 두려움의 집—의심과 증오와 전쟁이 다스리는 집—을 떠나 사랑의 집으로 들어가야 한다. 화해와 치유와 평화가 통치하는 사랑의 집으로.

성 베네딕트로부터 시에나의 성 카트린느와 마틴 루터 킹 2세, 그리고 토마스 머튼에 이르기까지, 위대한 영성 지도자들은 모두 이러한 진리를 파악하고 있었다: 새롭게 하시는 하나님 말씀의 능력은 한 개인이나 여러 개인들 간의 안전한 울타리 안에서는 결코 유지될 수 없다는 사실을. 그들은 새로운 예루살렘, 새로운 땅, 새로운 국제 공동체를 부르짖는다.

두려움의 집으로부터 사랑의 집으로의 이동은 이제 인간의 생존에 반드시 필요한 것이 되었다. 만일 우리가 계속해서 우리의 수많은 두려움들—러시아인들에 대한 두려움, 공산주의와 무신론에 대한 두려움, 이제 더 이상 이 지구상에서 가장 강력하고 가장 부유한 나라가 될 수 없을 것이라는 두려움, 그 밖에도 수없이 많은 자질구레한 두려움들—을 이용하여 좀 더 파괴적인 무기를 만드는 일에 좀 더 많은 시간과 돈과 에너지를 허비한다면, 우리의 행성은 결코 다음 세기까지 살아남을 수 없을 것이다. 이제 우리는 죽음의 소망과 죽음의 위협이 가득한 장소에서 뛰쳐나와야 한다. 국가의 위치에서, 우리는 국제적인 화해와 협동과 돌봄을 위한 방법들을 모색해야 한다. 우리에게는 평화가 주된 관심사가 되도록 도와줄만한 교육적인 개혁, 교회의 개혁, 그리고 더 나아가서는 오락의 혁신이 필요하다. 우리에게는 사회주의와 자본주의를 초월하여, 정의를 그 무엇보다 중요한 목표로 삼는 새로운 경제 질서가 필요하다. 하지만 그 무엇보다도 우리는 국가의 위치에서, 새로운 국제 질서가 가능하다는 사실을 믿어야 한다. 국가들 간의 경쟁이나 국가 단체들 간의 경쟁은 곧 도시들 간의 중세적 경쟁만큼이나 시대착오적인 짓이라는 사실을 믿어야 한다. 이것이 바로 "세계적인 황홀한 기쁨"의 관심사다. 이것은 두려움에서 사랑으로, 죽음에서 생명으로, 침체에서 부활로, 경쟁자로서의 삶에서 하나의 인간 공동체에 속한 사람들로서의 삶으로 이동하는 것이다.

이 방법에 관하여 이야기하는 것은 엄청난 꿈을 꾸는 것과도 같다. 그것은 예전에 만들어져서 우리 귀에 익숙해진 그런 교향곡을 새로이 작곡하는 것과도 같다. 베토벤의 교향곡 제5번은 마치 언제나 존재해왔던 것처럼 들린다. 우리는 그 교향곡에 너무나도 익숙해져서, 예전에는 그것이 없던 시절도 있었다는 사실, 각각의 악장이 한 인간에 의해 한 마디 한 마디 작곡되었다는 사실을 믿기가 힘들 정도다. 하지만 그 곡은 별에서 쓰여진 게 아니다. 사람이 만들어내야만 했다. 이와 마찬가지로, 새로운 방법 역시 국가들이 세계적 축하 속에서 자신의 통일성을 고양시킬 수 있도록, 그리고 황홀한 기쁨이 넘치는 즐거운 노래로 창조주를 찬미할 수 있도록 모색되어야 한다. 대부분의 사람들은 그런 평화가 가능하다는 사실에 대해 매우 절망적인 태도를 취한다. 그들은 예전의 방법들에 집착하며, 평화를 위해 위험을 불사하기 보다는 차라리 전쟁을 준비함으로써 얻을 수 있는 안전함을 더 선호한다. 이런 현실 속에서 감히 새로운 평화의 노래를 부를 수 있는 사람은 극소수에 불과하다. 그들은 우리 시대의 새로운 성 프란시스다. 그들은 옛날의 폐허 속에서 새로이 탄생한 새 질서를 얼핏 볼 수 있도록 해준다. 세계는 새로운 성인들을 기다리고 있다. 하나님의 사랑 안에 깊숙이 뿌리를 내리고 있는, 새로운 국제 질서―정의가 통치하는 곳, 그리고 전쟁이 더 이상 국가들 간의 갈등을 해소하기 위한 최선의 방법일 수 없는 곳―를 자유로이 생각해낼 수 있는, 황홀한 사람들을 기다리고 있는 것이다.

우리는 사방에서 이 비전을 얼핏 볼 수 있다. 20년 전 장 바니에가 두 명의 장애우를 자기 집으로 데려 왔을 때, 많은 사람들은 그를 보고 쓸 데 없이 시간과 재능을 허비하는 짓이라고 비웃었다. 하지만 그에게는 이것이야말로 두려움에서 사랑으로 나아가는 구체적인 방법이 되었다. 그는 장애우들을 자기 가족으로 받아들임으로써 자신이 예수님의 길을 따라가고 있다고 믿었다. 과연 이것이 비현실적이고 감상적이고 허무맹랑한 방법일까? 그로서는 이것이야말로 우리 시대의 뜨거운 논제들에 정력과 재능을 다 바치는 것보다 더 나은 길이 아니었을까? 그는 자신이 해야겠다고 여겨지는 일을 그저 단순히 실천하였다. 하지만 20년의 세월이 흐른 오늘날에는, 세계 곳곳의 젊은이들이 수많은 숙소에 모여들어 장애우들을 돌보고 있다. 물론 라르쉬 공동체가 새로운 국제 질서는 아니다. 전쟁과 폭력의 끝도 아니고, 새로운 대외 정책의 시작도 아니다. 그러나 이것은 "집안에 있는 모든 사람들에게 환히 비칠 수 있도록 등경 위에 놓아둔"(마태복음 5:16) 빛이다. 장 바니에는 라르쉬 공동체의 빛이 바구니 안에 머물러 있기를 원치 않는다. 그는 다음과 같이 기록한다:

> 우리는 외부 세계로부터 차단된, 작고 따뜻하고 좋은 공동체를 갖고자 하는 것이 아니다. 라르쉬 공동체는 정의를 위한 투쟁에 동참한다; 라르쉬 공동체는 전 세계 곳곳의 가난한 사람들, 억압당하는 사람들과 연대하기를 원한다; 라르쉬 공동체는 평화를 위해 투쟁하고자 한다. 하지만 이 모든 일을 실천하는 방법은 대규모 정치 운동이나 사회 운동과 다르다.
>
> 우리의 투쟁은 본질적으로 생명을 위한 투쟁이다. 우리는 각 개인들의 생명이 하나같이 중요하다는 사실을 증언하고자 한다. 특히나 그 사람이 아주 가난하거나 아주 쇠약할 경우에는 더욱 중요하다; 우리는 연설을 통해서가 아니라 의미심장한 행동을 통해서 이 사실을 증언하려고 한다. 우리는 대규모 정치 투쟁에 참여하거나, 국제적인 활동에 우리의 에너지를 쏟을 수가 없다. 왜냐하면 부아케의 이노센트, 퀘벡의 빈센트, 아이티의 프랑소와즈, 그리고 그밖에도 수많은 사람들이 계속 함께 있어달라고 요청하고 있기 때문이다. 매 순간마다 우리는 투쟁을 해야만

한다. 그들 각자가 안전함을 쟁취할 수 있도록, 그리고 그들이 살아가고 성장하는 데 도움을 줄만한 사람이 그들 주변에 존재할 수 있도록 말이다.

하지만 그와 동시에 우리는 정의를 위해 투쟁하고 있는 이 모든 운동들을 지지해야만 한다. 때로는 오직 우리들만이 배려와 격려 속에서 그들과 함께 할 수 있을 것이다. 또 때로는 우리가 영향력 있는 존재가 되어줄 수도 있을 것이다. 그러니 우리 공동체들 각자 각자가 고통당하는 사람들과 연대를 맺을 수 있도록 기도하자. 그리고 우리 공동체들 각자 각자가 분리와 절망으로 가득한 이 세계에 희망의 장소가 되어줄 수 있도록 기도하자*(라르쉬 서신, 1985년 9월, 1쪽)*.

라르쉬 공동체는 가난한 사람들과 억압당하는 사람들을 위한 전 세계적인 돌봄 운동이 성별과 종교와 인종과 민족의 경계를 초월하는 전혀 새로운 의식을 불러일으킬 수 있다는 사실을 우리에게 상기시켜 준다. 그러한 의식은 세계 공동체, 곧 우리가 공유하고 있는 인간성을 축하하기 위한 공동체, 사랑의 하나님을 찬미하는 즐거운 노래를 부르기 위한 공동체, 죽음을 이긴 생명의 궁극적 승리를 선포하기 위한 공동체를 탄생시킬 수 있다.

결 론

이제 우리는 사랑의 집에 거하는 삶의 세 번째 특징인 황홀한 기쁨에 관한 성찰의 결론에 도달하였다. "황홀한 기쁨"이라는 단어는 우리로 하여금 본질적인 기쁨이란 진정한 그리스도인의 영성 안에만 존재한다고 하는 사실을 깨달을 수 있도록 도와준다. 기쁨은 행복과는 전혀 다른 것이다. 기쁨은 우리 존재의 "영고성쇠"에 좌우되지 않는 것이다. 기쁨은 죽음의 정적인 장소로부터 뛰쳐나와, 하나님의 집, 곧 풍요로운 삶이 인정받고 축하받을 수 있는 곳을 향하여 끊임없이 이동하는 것이다.

친밀감이나 풍성한 열매와 마찬가지로, 황홀한 기쁨 역시 세계적인 차원을 지닌다. 자기-파멸에 직면한 이 세계의 상황에 비추어 보건대, 황홀한 기쁨은 새로운 국제질서를 필요로 한다. 황홀한 기쁨은 국가들이 각국의 개별적인 정체성을 전쟁의 원인이 아니라 공통적인 인간성의 축하에 대한 고유한 공헌으로 여길 것을 권유한다. 사랑의 집에 거하는 황홀한 삶의 개인적 차원뿐만 아니라 세계적인 차원까지 주장할 수 있을 때에 비로소 우리는 진정으로 '모든 만물을' 새롭게 하시려고 오신 그리스도의 임재를 증거할 수 있다.

나가는 말

생명의 표징

이제는 하나님의 집에 거하는 삶의 징표들에 관한 이 책을 서서히 마무리할 때가 다가오고 있다. 그런데도 내 맘속엔 아직 뭔가 충분하지 않다는 느낌이 계속해서 든다. 온두라스와 과테말라에서 온 편지들에는 중앙아메리카의 종교 전쟁 위험이 점점 더 커져가고 있다고 언급되어 있고, 북아일랜드에서 온 편지에는 다음과 같은 소식이 실려 있다: "상황이 점점 더 악화되고 있습니다." 텔레비전에서는 아프가니스탄의 전투와 아프리카의 기아, 라틴 아메리카의 빈곤, 중동의 폭력이 방영되고 있다. 신문들은 이탈리아의 유람선인 아킬레 라우로 호가 미 해군 제트기에 의해 납치된 사건에 관한 뉴스로 도배가 되어 있다. 고르바초프와 레이건 대통령의 회담에 관한 기사들은 무기 경쟁이 그치는 것에 대해 매우 비관적인 목소리를 들려준다. 언제 어디서든지 나는 귀 기울여 듣는다. 이 세계의 미래에 관하여 두려움이 가득한 목소리들을.

가족이나 공동체, 읍내, 도시 등의 소규모 집단들 역시 상황은 그다지 나은 것 같지 않다. 셀 수도 없이 많은 가정들이 부모의 이별과 자녀들 간의 불안정 때문에 고통을 겪고 있으며, 수없이 많은 종교 공동체들이 구성원의 대부분을 잃었고 심지어는 생명력까지 상실하고 말았다. 또한 수많은 도시들이 감히 혼자서 밤거리를 걸어 다니지도 못하고 있는 실정이다. 보스턴이나 뉴욕, 파리, 런던 같은 도시에서는 중산층 시민들조차도 직장을 구하지 못해 돈과 음식을 얻기 위한 투쟁을 벌이고 있다. 그리고 물론 가난한 사람들은 언제 어디서나 계속해서 고통을 당하고 있다.

장 바니에는 1980년대의 청소년들에 관하여 다음과 같이 기록한다: "그들은 세상을 지배하는 엄청난 권력 앞에서 무력함을 느낀다. 20년 전의 젊은이들은 자기가 무엇이든 할 수 있다고 믿었는데, 지금의 젊은이들은 그 어떤 일도 불가능하다고 확신해 버린다"(*"Jeunes d'Aujourd'hui: un pressant appel à l'Eglise," Vie Consacree, 1985년 9월호에 수록된 글, 283쪽*).

세계를 꽉 움켜쥐고 있는 두려움을 발견하기란 정말이지 별로 어려운 일이 아니다. 집 없는 떠돌이 생활(도주에 의한 것이든 아니면 집착에 의한 것이든), 열매가 없는 생활(흉작에 의한 것이든 아니면 불안한 생산성에 의한 것이든), 그리고 정적인 생활(지루한 일상의 형태를 취하든 아니면 뿌리 없는 삶의 형태를 취하든)—이 모든 것들은 두려움의 힘을 여실히 드러내준다.

하지만...... 이 책은 두려움보다는 사랑에 관한 책이며, 떠돌이 생활과 열매가 없는 생활, 그리고 정적인 생활보다는 친밀함과 풍성한 열매와 황홀한 기쁨에 관한 책이다. 나는 이 책이 삶의 징후들을 고양시켜 줄 수 있기를 바란다. 이 책은 집을 제공해 주기 위하여 쓴 책이다. 나중을 위해서, 곧 폭탄이 떨어지고, 행성이 멸망하고, 온 인류가 사라져 버릴 그런 날을 위해서가 아니라, 우리가 하루하루 두려움이 가득 찬 삶을 살고 있는 바로 지금을 위하여 쓴 책이다.

프랑스의 장애우들을 위한 라르쉬 공동체에서 이 책을 집필하는 동안 나는 영성 생활—하나님의 집에 거하는 생활—이란 멀리 떨어진 장소나 시간이 아니라 바로 지금 바로 여기에서의 삶을 의미한다고 하는 사실을 그 어느 때보다도 더 확신하게 되었다. 그럴 경우에만 이것이 미래에 대한 약속을 품을 수 있기 때문이다. 매일 나는 빵과 잔을 손에 쥐고 이렇게 기도드린다: "아버지, 당신의 아들 예수가 이 땅에 다시 오실 때 인사할 준비가 되어 있는 아버지, 우리가 당신께 예수의 살과 피를 산 제물로 드리나이다." 그것은 우리 가운데 계시는, 사실적이고도 구체적인, 우리에게 희망을 안겨 주시는 예수님의 현존이다. 그것은 지금 여기에서 먹고 마심으로써 우리로 하여금 천국 연회에 대한 욕구를 갖도록 하는 것이며, 지금 여기에서 집을 찾음으로써 우리로 하여금 거처가 여러 곳인 아버지의 집을 고대하도록 만드는 것이다.

이러한 해방의 진리를, 정신적으로 심각한 장애를 겪고 있는 사람들보다 더 확실하게 가르쳐 줄 사람이 어디 있을까? 그들은 신문도 읽지 않고, 텔레비전도 보지 않으며, 미래 재앙의 가능성에 대해 토론하지도 않는다. 그들은 미래에 대해 깊이 생각하지 않는다. 대신 그들은 다음과 같이 말한다: "먹여 주세요, 입혀 주세요, 만져 주세요, 껴안아 주세요…… 키스해 주세요, 말을 걸어 주세요. 지금 여기에 함께 있으니 정말 행복해요." 정신지체 장애우들은 예수님께서 진정 우리와 함께 현존하고 계심을, 그리고 우리가 여전히 여행길에 있지만 우리에게는 이미 집이 있음을, 자신들의 전 존재를 걸고 선포한다.

이미 말한 바 있듯이, 나는 장 바니에가 자신의 공동체 이름을 짓기 위하여 떠올렸던 이미지—노아의 방주—의 심오한 의미를 다시 한 번 깨닫게 된다. 그것은 높은 파도 한가운데서도 안전함을 의미한다. 그것은 억수같은 비 한가운데서도 보호 받음을 의미한다. 그것은 휘몰아치는 폭풍우 한가운데서도 방향을 잃지 않음을 의미한다. 그것은 두려움으로 가득 찬 바다 한

가운데서도 사랑이 가득한 집에 있음을 의미한다.

여기에서 어떤 감상에 빠질 여유는 전혀 없다. 배 안에 있는 장애우들은 자신의 두려운 주변 환경을 까마득히 잊어버린 채 그저 즐거워하고 편안해하는 단순한 사람들이 아니다. 그들은 세상에 대한 두려움과 괴로움을 마음 깊숙이 품고 있는 사람들이다. 거절당하고 차별 당하고 고립 당했던 그들의 경험은 그들 마음에 평생토록 씻을 수 없는 상처를 안겨주었다. 그들과 오랫동안 함께 있다 보면 저절로 그들의 엄청난 내적 고통에 깊은 영향을 받게 된다. 배는 우리 시대의 파도 속을 항해해 가는 집이다. 그 어떤 사람도 일말의 두려움 없이 여유를 누릴 수는 없다.

하지만 예수님은 배 위에서 잠이 드셨다! 그분은 우리 가까이 계신다. 우리가 두려움에 질린 채 그분을 걱정스럽게 깨우며 말한다: "주님, 살려 주십시오. 우리가 죽게 되었습니다." 그러자 예수께서 말씀하신다: "왜들 무서워하느냐? 믿음이 적은 사람들아!" 예수께서 일어나 바람과 바다를 꾸짖으시니, 바다가 아주 잔잔해진다(마태복음 8:23~27). 그 배는 우리의 집이고, 예수님은 그것을 당신의 것으로 만드셨다. 예수님은 우리와 함께 여행하시면서, 우리가 패닉 상태에 빠지려 할 때마다, 또는 타인이나 자기 자신을 파멸시키고픈 유혹에 빠지려 할 때마다, 계속해서 우리를 안심시켜 주신다. 또한 예수님은 우리와 함께 여행하시면서, 사랑의 집에서 살아가는 방법을 가르쳐 주신다. 그분의 가르침을 파악하기란 결코 쉬운 일이 아니다. 왜냐하면 우리는 지금 높은 파도, 거센 바람, 사나운 폭풍우를 바라보고 있기 때문이다. 우리는 계속해서 이런 말만 되풀이한다: "예, 예…… 하지만 보십시오!" 예수님은 매우 참을성이 많은 스승이시다. 그분은 끊임없이 우리에게 이야기하신다. 어디가 진정한 우리의 집이고, 우리가 무엇을 추구해야 하며, 어떻게 살아야 하는지를 말이다. 우리는 마음이 어지러울 때마다 온갖 위험에 집중하게 되며, 그동안 들었던 말씀은 새까맣게 잊어버린다. 하지만 예수님은 계속해서 또다시 말씀하신다: "내 안에 머물러 있어라. 그리하면 나도 너희 안에 머물러 있겠다. 사람이 내 안에 머물러 있고, 내가 그 안에 머물러 있으면, 그는 많은 열매를 맺는다... 내가 너희에게 이러한 말을 한 것은, 내 기쁨이 너희 안에 있게 하고, 또 너희의 기쁨이 넘치게 하려는 것이다"(요한복음 15:4, 5, 11). 이렇듯 예수님은 그분의 집―동시에 우리 집이기도 한 곳―에서 누리는 친밀하고, 풍요롭고, 황홀한 기쁨의 삶으로 우리를 초대하신다.

마지막 기도

나는 앞에서 한 번 언급했던 네덜란드의 유태인 여성 에티 힐레숨의 기도로 이 책을 마무리하고 싶다. 그녀는 제2차 세계대전 당시, 네덜란드 유태인들에 대한 나치의 박해가 가장 심각한 상태에 이르렀을 때 이 시를 썼다. 그녀는 내가 이제까지 이야기해 온 것보다 더 역동적으로, 더 아름답게, 이 책의 중심 주제를 표현하고 있다.

하나님, 지금은 근심의 시간입니다. 오늘밤 처음으로 저는 어두운 곳에 누웠습니다. 제 두 눈은 제 앞을 지나간 인간적 고통들을 한 장면 한 장면 떠올리며 불타오르고 있습니다. 하나님, 저는 당신께 한 가지, 아주 딱 한 가지 작은 것을 약속하고 싶습니다: 앞으로 저는 결코 저의 내일에 대한 걱정으로 저의 오늘을 괴롭히지 않겠습니다. 물론 그 일에는 연습이 필요하겠지요. 하루는 그 날로 족합니다. 저는 하나님 당신을 도와, 더 이상 저의 힘이 스러지지 않도록 노력하겠습니다. 물론 미리부터 그것을 보증할 수는 없겠지만요…… 정말로 중요한 것은 저희가 하나님 당신의 자그마한 조각을 저희 안에 보호하는 것입니다. 그리고 그 조각은 아마도 다른 사람들 안에도 들어 있을 것입니다. 아아, 애석하게도 우리의 상황에 대해, 우리의 삶에 대해 당신 혼자서 하실 수 있는 일은 그리 많지가 않은 것 같습니다. 제가 당신께 책임을 지우는 일도 불가능합니다…… 하지만 저희는…… 당신께서 저희 안에 거하시는 곳을 끝까지 지켜내야만 합니다. 정말이지, 이 마지막 단계에 이르러서까지도, 하나님 당신을 보호하는 일보다도 오히려 자신의 진공청소기와 은수저를 안전하게 지키는 일에 더 정신이 팔린 사람들이 많습니다. 그리고 자신의 몸을 안전하게 지키고자 하는 사람들이 많습니다. 하지만 지금 그것들은 일천 가지 두려움과 괴로운 감정들에 대한 보호막에 지나지 않습니다. 그들은 이렇게 말합니다. "그들 손아귀에 잡히진 않을 거야." 하지만 그들은 잊고 있습니다. 당신의 품에 안긴 사람은 그 누구도 그들의 손아귀에 잡히지 않는다는 사실을 말입니다. 하나님, 저는 당신과의 이 대화 덕분에 조금씩 평화로워짐을 느끼기 시작합니다. 저는 앞으로 당신과 좀 더 많은 대화를 나눌 것입니다. 분명 당신께서는 힘든 시기마다 항상 저와 함께 하십니다. 저의 신앙이 조금 약할 때에도, 저는 믿습니다. 저는 언제나 당신을 위해 노력할 것이고, 당신께 신실할 것입니다. 그리고 저는 결코 당신께서 저를 떠나가지 못하게 할 것입니다……

제가 사소한 육체적 걱정거리들 때문에 제 힘을 티끌만큼도 허비하지 않게 하소서. 제가 온 시간을 다 바쳐서 열매가 풍성한 하루를 살아가게 하시고, 너무도 불확실한 우리의 미래를 세워나갈 토대 위에 하나씩 초석을 얹을 수 있게 하소서.

제 집 뒤뜰에 핀 쟈스민은 지난 며칠 동안 내렸던 비와 폭풍우 때문에 완전히 망가져버렸습니다. 하얀 꽃잎들이 낮은 차고의 지붕에 생긴 새까만 진흙 구덩이 속을 떠다니고 있습니다. 하지만 제 마음 속 어딘가에서 쟈스민은 아무런 방해도 받지 않고 계속 피어 있었습니다. 원래부터 그랬던 것처럼 굉장히 많이, 굉장히 아름답게. 그리고 그 향은 하나님 당신께서 거하시는 집 둘레에 가득 퍼져 있습니다. 당신은 보실 수 있습니다. 제 눈은 당신을 좇습니다. 폭풍우 치는 이 잿빛 주일 아침에, 저는 당신께 제 눈물뿐만 아니라 제 예감까지 바칩니다. 향내 나는 쟈스민도 당신께 바칩니다. 또한 저는 도중에 만나는 온갖 꽃들도 당신께 바칠 것입니다. 분명 많은 꽃들을 만나게 될 것입니다. 저는 언제나 당신께서 집에 계실 수 있도록 노력할 것입니다. 비록 제가 좁은 방에 갇히게 될지라도, 그리고 빗장이 질러진 저의 작은 창문으로 구름이 지나가더라도, 오 하나님, 저는 당신께 그 구름을 바칠 것입니다. 물론 제 안에 그럴만한 힘이 아직까지 남아있다면 말입니다. 저는 내일 일에 관하여 그 어떤 것도 당신께 약속해 드릴 수 없습니다. 하지만 저의 의도는 올바르며, 당신은 그것을 잘 알고 계십니다.

그리고 이제 저는 감히 오늘을 위해 투자할 것입니다. 오늘 저는 수없이 많은 사람들을 만날 것이며, 악한 소문과 위협이 다시금 저를 공격할 것입니다. 수많은 적군들이 신성한 요새를 포위하듯이*(An Interrupted Life, New York: Pantheon, 1984, 151~52쪽에서 인용함).*

나는 에티의 기도가 점점 더 나의 기도가 되기를, 그리고 이 책을 읽는 모든 이들의 기도가 되기를 간절히 원한다. 그렇게 될 때, 우리의 온갖 괴로움과 기쁨은 우리 안에서 집을 발견하신 하나님을 향한 찬미와 감사의 노래가 될 것이다.